Gianni Garrucciu

I POVERI NON ESISTONO

SAN PAOLO

Piazza Soncino, 5 - 20092 Cinisello Balsamo (Milano)
www.edizionisanpaolo.it
Distribuzione: Diffusione San Paolo s.r.l.
Piazza Soncino, 5 - 20092 Cinisello Balsamo (Milano)

ISBN 978-88-922-4016-2

Guai a quelli che fanno decreti iniqui
e a quelli che mettono per iscritto sentenze ingiuste,
per negare giustizia ai deboli,
per spogliare del loro diritto i poveri del mio popolo,
per far delle vedove la loro preda e degli orfani il loro bottino!
Isaia 10,1-2

La povertà non dipende dal calo della ricchezza,
ma dalla moltiplicazione dei desideri.
Platone

Ebbene, ecco cosa dico loro:
non vado a letto la sera pensando ai bambini che abbiamo salvato,
vado a letto piangendo per i bambini che non siamo riusciti a salvare.
E, quando non abbiamo abbastanza soldi,
né l'accesso di cui abbiamo bisogno,
dobbiamo decidere quali bambini mangiano e quali non mangiano,
quali bambini vivono, quali bambini muoiono.
Per favore, non chiedeteci di scegliere chi vive e chi muore.
David Beasley, direttore esecutivo del WFP.
Discorso di accettazione del Premio Nobel per la Pace 2020

Io non li ho mai contati i poveri,
perché non si possono contare:
i poveri si abbracciano, non si contano.
Don Primo Mazzolari

Al signor Marino,
morto di fame e di freddo in un vicolo della mia città.
Accanto, aveva l'unica sua compagna: una bottiglia di vino rosso,
ma neanche lei quella sera era riuscita a scaldarlo.

In ricordo di Ketty e Pinuccio,
amici e compagni di una vita.
Con loro ho diviso gioie e dolori,
privazioni e prosperità.

IL NAUFRAGIO DELLA CIVILTÀ

Conversazione con papa Francesco

«Ma lei sa veramente cosa c'è alla fine del mondo? Nella mia Argentina, per esempio, ci sono le *villas miserias*. Sono i quartieri più poveri che circondano la capitale, Buenos Aires, in cui vivono centinaia di migliaia di persone. Persone che abitano in piccoli spazi. Gente che vive normalmente di quello che guadagna ogni giorno. Questo bisogno li costringe a uscire di casa, altrimenti non mangiano. Però abbandonare la propria casa è rischioso, perché la casa che ognuno occupa non ha all'origine diritto di proprietà. È di chi ci sta e, se la si lascia, qualcun altro può occuparla. E c'è il consumo di droga, uno dei flagelli delle *villas miserias*, dove il narcotraffico non ha controllo né limite, e devasta tutti, anche i bambini. C'è la paura dell'epidemia, tra la povertà e l'impossibilità di isolamento. Ci sono le tante persone che vivono per strada, senza rifugi per proteggersi. Ci sono il fango, la sporcizia e la povertà di tutte queste baraccopoli che crescono da sole dentro alle grandi città».

Ci guardiamo negli occhi, lui coinvolto dalla passione e dall'amore che nutre per la sua terra. Ma anche spinto dal suo grande progetto pastorale: quello di pensare ai poveri e agli affamati, agli ultimi del pianeta. Quello di una Chiesa povera per i poveri. E il ricordo lo riporta a quando – da arcivescovo – andava spesso nelle case dei suoi *parrocchiani*. Non visite di circostanza. Tutt'altro. Lui partecipava alle processioni nelle *villas* con le strade di terra, di polvere e fango. Quando arrivava il cardinale e pioveva, tutti si preoccupavano perché non si poteva lasciarlo sotto l'acqua. Ma lui usciva con il fango fino alle ginocchia: si infangava, voleva sentire quello che sentivano le persone. La *Villa 21*, una delle più povere di Baires; *La Cárcova* (11mila abitanti); *Villa 14* (26mila circa) e l'antica *Villa 15* (dove vivono 50mila persone). E ripensava ai lussuosi viali dell'eleganza, quelli con i ristoranti stellati, i negozi griffati, le belle auto, le persone vestite bene; ma, terminati quei viali alberati e i bei palazzi, subito dopo una piazza, ecco improvvisamente spuntare le baraccopoli: «Così si vedono le due cose insieme: il lusso da una parte, la povertà estrema, i bambini scalzi, denutriti, vestiti con quel poco che hanno, dall'altra. In un colpo solo due mondi così diversi e così vicini. Che vergogna!», dice con sofferenza.

L'attenzione e l'amore per i poveri sono sempre stati al primo posto dell'azione pastorale di papa Francesco, fin dai suoi primi passi nel sacerdozio. Fin da quando andava incontro a quelle che chiamava "le mie pecore" nei luoghi più degradati della città, le *villas miseria*, periferie simili alle *favelas* brasiliane. Da qui è nata l'attenzione verso i più poveri che ancora oggi alimenta il suo pontificato. Una volta, per andare a incontrare un suo amico sacerdote che si curava dei così detti *sacerdoti villeros* (i sacerdoti di periferia), aveva vinto anche le minacce dei narcotrafficanti: Bergoglio era andato a trovarlo senza preavviso, camminando da solo per le strade di *villa miseria*.

«*Ma lei sa veramente cosa c'è alla fine del mondo?*».

E questo non è che un esempio. Dal 1990 fino al 1998 l'Argentina, nonostante il lungo ciclo espansivo dell'economia, era entrata in una spirale negativa che si era conclusa con il default nel 2002, uno dei più gravi della storia. Quando esplose la crisi del debito ci fu una recessione durissima, durata anni, che portò la metà della popolazione al limite della soglia di povertà, senza più un lavoro regolare né le tutele sociali. Nelle poverissime baraccopoli di periferia bisognava inventarsi un lavoro, un modo per poter portare a casa qualcosa da mangiare. I *cartoneros* (coloro che per vivere raccolgono materiale di cartone dalle strade e lo rivendono nei centri di raccolta) iniziarono ad andare la sera nei quartieri del ceto medio a frugare nell'immondizia per cercare cartone e metallo da riciclare. Erano i cosiddetti *Lavoratori Esclusi*, che diedero vita a un movimento popolare. Bergoglio non rimase insensibile a questo contesto di grande sofferenza, prodotta da un lato dalla persecuzione dello Stato e, dall'altro, dallo sfruttamento di questi lavoratori in nero, tra cui tanti bambini. I *cartoneros* lavoravano di notte e spesso non sapevano dove lasciare i figli, così se li portavano con loro. Il 40% erano minorenni. Il motto della povera gente era: "Se i bambini non hanno l'infanzia, l'Argentina non avrà futuro". Il programma si basava su tre diritti fondamentali, quelli che ciascun genitore desidera per i propri figli: *tierra*, *techo*, *trabajo* (terra, casa, lavoro).

Nel 2002, nel momento più difficile del crac dell'economia argentina infuriavano le manifestazioni di piazza e, spesso, la Polizia ricorreva alle maniere forti e alla violenza. Il cardinale Bergoglio non ebbe un attimo di esitazione: chiamò il presidente Eduardo Duhalde e lo convinse a fermare le cariche. Pensò subito ai poveri, alle famiglie senza lavoro e senza salario. Tramite la Caritas diocesana organizzò le mense popolari, distribuì aiuti, accorse dovunque ci fosse bisogno della presenza materna della Chiesa.

Francesco sa bene che la povertà ha tante facce: sono le popolazioni del pianeta che soffrono la fame e la sete; sono i milioni di migranti che si spostano da un Paese all'altro in cerca di cibo, di lavoro, di una casa, di pace. E poi ci sono i malati: la malattia è motivo permanente di sofferenza e richiede aiuto, consolazione, sostegno. E ci sono i carcerati che spesso vivono condizioni di vita disumane. C'è l'analfabetismo ancora molto diffuso che impedisce ai bambini e alle bambine di formarsi e li espone alle nuove forme di schiavitù.

«La cultura dell'individualismo esasperato, soprattutto in Occidente, porta a smarrire il senso di solidarietà e di responsabilità verso gli altri», dice.

Nella lettera apostolica *Misericordia et misera*, a conclusione del Giubileo straordinario della misericordia del 2016, papa Francesco ha scritto: «Non avere il lavoro e non ricevere il giusto salario; non poter avere una casa o una terra dove abitare; essere discriminati per la fede, la razza, lo stato sociale. Queste e molte altre sono le condizioni che attentano alla dignità della persona, di fronte alle quali l'azione misericordiosa dei cristiani risponde anzitutto con la vigilanza e la solidarietà».

E ora riprende, incontrando il mio sguardo attento alle sue emozioni: «Sa cos'è successo? Che noi ci siamo illusi di vivere sani in un mondo malato. E non ci siamo resi conto che non ascoltavamo più il grido dei poveri; che eravamo diventati ormai indifferenti alla sofferenza del nostro pianeta che ci chiedeva aiuto perché è gravemente malato.

Noi invece abbiamo continuato ad andare avanti a tutta velocità, perché ci sentivamo forti e capaci in tutto. C'è chi è avido di guadagno, chi va sempre di fretta e non si ferma neanche davanti ai richiami degli uomini che fuggono davanti alle guerre; delle donne che piangono perché non hanno il latte per allattare i propri figli; dei bambini affamati i cui occhi grandi e persi nel vuoto chiedono un po' di attenzione. Non ci siamo indignati di fronte alle guerre e alle ingiustizie. Non siamo capaci più di commuoverci».

Mi colpisce papa Francesco, mentre mi guarda dritto negli occhi con quella profondità che solo lui sa imprimere quando descrive immagini che vanno dritte al cuore e al cervello.

«*Ci siamo illusi di vivere sani in un mondo malato*».

Il pensiero va a quella sera del 27 marzo 2020. In quel sagrato di piazza San Pietro reso gelato dalla pioggia caduta da giorni sull'acciottolato e dalla solitudine che quell'Uomo vestito di bianco riusciva a trasmettere a ogni singolo individuo collegato in mondovisione. Ormai da settimane nebbie fitte si erano addensate sulle piazze, sulle strade, sulle città di tutto il mondo. Si erano impadronite delle nostre vite riempiendo tutto di un silenzio assordante, di un vuoto desolante, che paralizzava ogni cosa. Si sentiva nell'aria, si avvertiva nei gesti, lo esprimevano gli sguardi.

È un giorno tragico, funesto: è il giorno della pandemia. È la solitudine che il Covid-19 ci costringerà a vivere con il prolungato *tutti a casa*, che ci impedirà di avere e di dare una carezza, che ci farà sentire persi e poi ritrovati. Ma in quel 27 marzo 2020, papa Francesco ha unito l'umanità di un mondo che si era fermato. Con quella preghiera al cielo per la fine della pandemia, Francesco ha ridato speranza a un mondo fortemente terrorizzato. Lo ha fatto commentando un brano del vangelo di Marco: «Ci siamo trovati impauriti e smarriti. Come i discepoli del Vangelo siamo stati presi alla sprovvista da una tempesta inaspettata e furiosa», aveva detto il Papa nella preghiera speciale in San Pietro[1].

Mentre scorro nella mente queste immagini, Francesco mi guarda e prosegue: «In questi due anni ci siamo resi conto di trovarci sulla stessa barca, tutti fragili e disorientati, ma nello stesso tempo importanti e necessari, tutti chiamati a remare insieme, tutti bisognosi di confortarci a vicenda. Su questa barca ci siamo tutti. Come quei discepoli, che parlano a una sola voce e nell'angoscia dicono: "Siamo perduti", così anche noi ci siamo accorti che non possiamo andare avanti ciascuno per conto proprio, ma solo insieme».

È una sensazione che avevo già provato osservando piazza San Pietro dalla finestra del secondo piano del Palazzo Apostolico, la seconda Loggia affrescata da Raffaello e dai giovani della sua bottega: il colonnato del Bernini che abbraccia la piazza, in realtà estende il suo abbraccio a Roma e al mondo. Ti offre l'opportunità di capire il messaggio universale della Chiesa. Ricordo perfettamente anche ciò che il Papa mi aveva detto in quell'incontro: «Lei deve osservare gli sguardi e i volti dei suoi fratelli senza dover mai arrossire, senza mai provare vergogna per non avere fatto il proprio dovere. Lei deve ascoltare quanti soffrono nel mondo e poter dire: "Ho dato loro voce e volto: il loro

[1] Mc 4,35-41.

grido è stato ascoltato, le loro preoccupazioni sono state affrontate". Il comunicatore, si ricordi, è come il Buon Samaritano: tocca le ferite, si fa carico del prossimo, dà voce a chi non ha voce».

Erano state fra le ultime raccomandazioni che papa Francesco mi aveva rivolto nella Biblioteca Apostolica, mentre conversavamo sulla fame, «...una vergogna che l'Uomo non vuole cancellare». Mi aveva raccomandato di perseguire il filo del discorso, di non abbandonare quel tema e di approfondirne un altro strettamente legato alla fame, quello della povertà. «Perché, vede», aveva detto, «il pericolo è che a poco a poco diventiamo immuni alle tragedie degli altri e le consideriamo come qualcosa di naturale: sono così tante le immagini che ci raggiungono, che noi vediamo il dolore ma non lo tocchiamo; sentiamo il pianto ma non lo consoliamo; percepiamo la sete ma non la saziamo. E mentre le notizie cambiano, il dolore, la fame, la sete non cambiano: rimangono!».

Così ci siamo rivisti: «Certo che mi ricordo. Certo che la riconosco: lei deve sempre insistere a tenere alta l'attenzione su questi temi. È una vergogna che ogni giorno si butti via tanto cibo quanto sarebbe necessario per sfamare tutti i poveri del mondo. È stato nelle scuole? È andato per le città? Deve continuare, perché anche la povertà così come la fame – se solo l'uomo lo volesse – potrebbe sparire dal nostro pianeta. E così potremmo avere un mondo migliore, certamente un mondo più giusto dove vivere».

Gli ricordo il suo profondo *j'accuse* fatto all'isola di Lesbo, il 5 dicembre del 2021. «Certo, osservando quell'umanità disperata di migranti sui quali si erano abbattute tutte le povertà di questo mondo, guardandoli negli occhi, non potevo che essere vicino a loro col cuore e con la preghiera».

Toccante il discorso di allora: «Sono qui per vedere i vostri volti, per guardarvi negli occhi. Occhi carichi di paura e di attesa, occhi che hanno visto violenza e povertà, occhi solcati da troppe lacrime». E aveva ripreso, papa Francesco, le parole che il Patriarca ecumenico Bartolomeo aveva pronunciato nel 2016 sempre a Lesbo in occasione della sua prima visita all'isola greca dell'Egeo nordorientale. Si trattava di un'immagine che lo aveva colpito: «Chi ha paura di voi non vi ha guardato negli occhi. Chi ha paura di voi non ha visto i vostri volti. Chi ha paura di voi non vede i vostri figli. Dimentica che la dignità e la libertà trascendono paura e divisione. Dimentica che la migrazione non è un problema del Medio Oriente e dell'Africa settentrionale, dell'Europa e della Grecia. È un problema del mondo»[2].

Un mondo migliore senza poveri e senza fame, Francesco lo aveva già in mente fin dal momento della sua elezione. Era stato lui stesso a raccontarlo ai giornalisti quando, a caldo, aveva detto: «Io vi racconterò la vera storia...». «Nell'elezione avevo accanto a me l'arcivescovo emerito di San Paolo del Brasile, il cardinale Cláudio Hummes, un caro amico. Quando la cosa stava diventando pericolosa, lui mi confortava. E quando i voti sono saliti a due terzi, è giunto l'applauso consueto, perché era stato eletto il Papa. Hummes mi ha abbracciato e mi ha detto: "Non dimenticarti dei poveri!". E quella parola è entrata qui: i poveri, i poveri, i poveri», ha sottolineato Bergoglio toccandosi il capo. «Quindi subito ho pensato a Francesco d'Assisi. E mentre lo scrutinio proseguiva fino all'ultimo voto, io con-

[2] Bartolomeo, Patriarca ecumenico di Costantinopoli.

tinuavo a pensare alle guerre, alla fame, alla tante povertà di questo mondo. E san Francesco è l'uomo che incarna tutte queste cose, è l'uomo della pace, l'uomo che ama e custodisce il Creato. È l'uomo che dà questo spirito di pace, l'uomo povero»[3].

Dunque per papa Francesco diventa urgente capire i milioni di poveri che spesso provocano negli uomini solo indifferenza e fastidio. È urgente superare le disuguaglianze sociali per restituire la dignità umana così spesso calpestata.

«Vede», dice il Papa, «nella V Giornata mondiale dei poveri, quella del 2021, mi sono rivolto al mondo per dire che l'individualismo è complice nel generare povertà, e spesso scarica sui poveri tutta la responsabilità della loro condizione. Ma la povertà non è frutto del destino, è conseguenza dell'egoismo. Ci sono molte povertà dei "ricchi" che potrebbero essere curate dalla ricchezza dei "poveri", se solo si incontrassero e si conoscessero! Nessuno è così povero da non poter donare qualcosa di sé nella reciprocità».

Per quella giornata, papa Francesco aveva inviato un messaggio dal titolo "I poveri sono sempre con voi": «I poveri non possono essere solo coloro che ricevono; devono essere messi nella condizione di poter dare. I poveri ci insegnano spesso la solidarietà e la condivisione. È vero, sono persone a cui manca qualcosa, spesso manca loro molto e perfino il necessario, ma non mancano di tutto, perché conservano la dignità che niente e nessuno può loro togliere»[4].

[3] Cláudio Hummes, cardinale brasiliano, OFM; filosofo, arcivescovo di San Paolo del Brasile e di Santo André per 21 anni, dove si è distinto anche per la sua opera in difesa degli operai, di sostegno ai sindacati e per la partecipazione a scioperi quale vescovo responsabile della pastorale operaia in Brasile. Già prefetto per la Congregazione per il clero.

[4] Messaggio del 14 novembre 2021, per la V Giornata mondiale dei poveri: «I poveri li avete sempre con voi» (Mc 14,7).

Occorre dunque un diverso approccio alla povertà. Perché le nuove forme di povertà segneranno in modo decisivo il futuro del pianeta. È una forte sfida ai governi e alle istituzioni mondiali. I poveri non devono essere ai margini, come se fossero i colpevoli della loro condizione, perché questa visione metterebbe in crisi ogni politica sociale. È vero, spesso la comunicazione si ferma alle statistiche nel tentativo di commuovere il pubblico con qualche documentario.

«La povertà, al contrario», sostiene papa Francesco, «dovrebbe spingere a una progettualità creativa, che consenta di accrescere la libertà effettiva di poter realizzare l'esistenza con le capacità proprie di ogni persona. La libertà non è solo di chi controlla il possesso del denaro. Servire con efficacia i poveri permette di trovare le forme più adeguate per risollevare e promuovere questa parte di umanità troppe volte senza voce e senza volto».

Francesco spinge ad andare a cercare i poveri là dove si trovano. Non si deve attendere che bussino alla porta, ma occorre raggiungerli nelle loro case, negli ospedali, nelle RSA; per le strade e negli angoli bui dove a volte si nascondono; nei centri di rifugio e di accoglienza, per poter capire realmente come si sentono, cosa provano e quali desideri hanno nel cuore. Così come faceva lui nelle *villas* argentine e così come continuano a fare i suoi *curas villeros*, i sacerdoti *villeros.* E cita don Primo Mazzolari, il sacerdote, scrittore e partigiano italiano, conosciuto come "il parroco di Bozzolo", una delle figure più significative del cattolicesimo italiano nella prima metà del Novecento. Nella rivista "Adesso", nel 1949 Mazzolari scriveva: «Vorrei pregarvi di non chiedermi se ci sono dei poveri, chi sono e quanti sono, perché temo che simili domande rappresentino una distrazione o il pretesto per scantonare da una precisa indicazione della coscienza e del cuore. Io non li ho mai contati i poveri, perché non si possono contare: i poveri si abbracciano, non si contano»[5].

«I poveri non sono numeri», sottolinea il Papa: «sono volti, sono voci, sono persone dietro le quali si nascondono dolore, emarginazione, sopruso, violenza, torture, prigionia e guerra; privazione della libertà e della dignità; ignoranza e analfabetismo, emergenza sanitaria e mancanza di lavoro, tratta e schiavitù, esilio e miseria. Il grido silenzioso dei tanti poveri deve trovare il popolo di Dio in prima linea sempre e dovunque, per dare loro voce, per difenderli e solidarizzare con essi davanti a tanta ipocrisia, a tante promesse disattese, e per invitarli a partecipare alla vita della comunità».

A questo tema Francesco aveva dedicato la Giornata del 2020. Aveva attinto, per il titolo, a un versetto del Siracide: «Tendi la tua mano al povero»[6]. Si era, allora, in piena pandemia e, nel messaggio, il Papa aveva dedicato ampio spazio all'analisi dello scenario che si era creato con l'emergenza sanitaria rendendo omaggio alle *mani tese* – spesso invisibili – dei "santi della porta accanto", rimproverando di contro le «mani tese di chi agisce in base al narcisismo, al cinismo e alla globalizzazione dell'indifferenza».

Ma già nell'omelia del 18 novembre del 2018, alla messa solenne in San Pietro per la Giornata mondiale dei poveri, papa Francesco aveva usato immagini forti: «Il grido dei poveri è il grido strozzato di bambini che non possono ve-

[5] Don Primo Mazzolari su "Adesso" (15 aprile 1949). Ripreso da papa Francesco nell'omelia del 13 giugno 2021 in Roma, San Giovanni in Laterano.
[6] Sir 7,32.

nire alla luce, di piccoli che patiscono la fame, di ragazzi abituati al fragore delle bombe anziché agli allegri schiamazzi dei giochi. È il grido degli anziani scartati e lasciati soli. È il grido di chi si trova ad affrontare le tempeste della vita senza una presenza amica. È il grido di chi deve fuggire, lasciando la casa e la terra senza la certezza di un approdo. È il grido di intere popolazioni, private anche delle ingenti risorse naturali di cui dispongono. È il grido dei tanti Lazzaro che piangono, mentre pochi epuloni banchettano con quanto per giustizia spetta a tutti. L'ingiustizia è la radice perversa della povertà. Il grido dei poveri diventa ogni giorno più forte, ma ogni giorno meno ascoltato, sovrastato dal frastuono di pochi ricchi, che sono sempre di meno e sempre più ricchi».

Il Papa scuoteva il cristiano a non rimanere indifferente davanti a queste tragedie.

«Mi domando: e noi? abbiamo occhi per vedere, orecchie per sentire, mani tese per aiutare, oppure ripetiamo "torna domani"? Noi non siamo chiamati a fare del bene solo a chi ci vuole bene. Ricambiare è normale, ma Gesù chiede di andare oltre[7]: di dare a chi non ha da restituire, cioè di amare gratuitamente[8]. Quante sono oggi le situazioni in cui possiamo restituire dignità alle persone e consentire una vita umana! Pensiamo solo a tanti bambini e bambine che subiscono violenze di vario genere, che rubano loro la gioia della vita. I loro volti tristi e disorientati sono impressi nella mia mente; chiedono il nostro aiuto per essere liberati dalle schiavitù del mondo contemporaneo. Questi bambini sono i giovani di domani; come li stiamo preparando

[7] Cfr. Mt 5,46.
[8] Cfr. Lc 6,32-36.

a vivere con dignità e responsabilità? Con quale speranza possono affrontare il loro presente e il loro futuro?».

Alla luce del "Giubileo delle persone socialmente escluse", il Papa aveva intuito che – come ulteriore segno concreto dell'Anno Santo straordinario – si dovesse celebrare in tutta la Chiesa, nella ricorrenza della XXXIII domenica del Tempo ordinario, la Giornata mondiale dei poveri.

Il 19 novembre 2017, in una piazza San Pietro gremita, insieme a papa Francesco i protagonisti erano quindi, per la prima volta, gli ultimi, gli scartati, gli uomini e le donne che incarnano i mille volti della povertà. Era un grande abbraccio quello simbolicamente preconizzato dal logo della Giornata: una porta aperta e, sul ciglio, due persone, due mani tese che si incontrano dove ognuna offre qualcosa.

Quella giornata fu resa ancora più memorabile dal pranzo offerto a 1500 persone indigenti. Fu spettacolare vedere il luogo – l'aula Paolo VI, dove il mercoledì si svolge l'udienza generale – trasformato in una grande e maestosa sala da pranzo con le tavolate apparecchiate con piatti in ceramica, le posate in acciaio, i bicchieri di cristallo, il tovagliato di stoffa bianco e giallo (i colori della Santa Sede) e su ogni tavolo una festosa composizione di fiori freschi. Nulla era lasciato al caso. *Menu*: lasagne, bocconcini di pollo alla crema di funghi e patate; dolce, frutta e caffè. Un menu senza carne di maiale, per rispettare coloro che professano religioni che non la ammettono. A servire il pasto erano stati cinquanta volontari. Tavoli rotondi, con l'eccezione di una lunga tavolata centrale, dove papa Francesco aveva voluto vicini alcuni bisognosi. Semplice il saluto e l'augurio di un buon appetito: «Vi do il benvenuto: grazie per essere qui» – aveva detto il pontefice. «Auguro che il Signore ci benedica tutti in questa riunione di amici, in questo pranzo, e le famiglie vostre. Grazie e buon pranzo».

Di lì a pochi mesi, sul mondo – e soprattutto sul mondo più povero –, si sarebbe abbattuta una nuova piaga che avrebbe moltiplicato ulteriormente i poveri: la pandemia da Covid-19, che continua ancora oggi a bussare alle porte di milioni di persone e, quando non porta con sé la sofferenza e la morte, è comunque annunciatrice di povertà. I poveri sono aumentati a dismisura e continuano ad aumentare.

«Alcuni Paesi», afferma con sofferenza il Papa, «stanno subendo per la pandemia gravissime conseguenze, così che le persone più vulnerabili si trovano prive dei beni di prima necessità. Le lunghe file davanti alle mense per i poveri sono il segno concreto di questo peggioramento. Uno studio intelligente del problema richiede di trovare le soluzioni più idonee per combattere il virus a livello mondiale, senza mirare a interessi di parte. Per questo è necessario dare subito risposte reali a quanti patiscono la disoccupazione, che colpisce in maniera drammatica tanti padri di famiglia, donne e giovani».

Francesco non ci sta ad assistere all'emergere sempre più scandaloso di una ricchezza sfacciata che si accumula nelle mani di pochi privilegiati, e spesso si accompagna all'illegalità e allo sfruttamento offensivo della dignità umana.

«Vede, fa scandalo l'estendersi della povertà a grandi settori della società in tutto il mondo. Dinanzi a questo scenario, non si può restare addormentati e tanto meno rassegnati. Alla povertà che frena lo spirito di iniziativa di tanti giovani, impedendo loro di trovare un lavoro; alla povertà che anestetizza il senso di responsabilità e che porta alla ricerca di favoritismi; alla povertà che avvelena i pozzi della partecipazione e restringe gli spazi della professionalità, umiliando così il merito di chi lavora e produce: a tutto questo occorre rispondere con una nuova visione della vita e della società». E insiste: «Vede, noi viviamo in un mondo dove c'è la smania di conquistare tutto e subito, quindi chi rimane indietro dà fastidio. Ed è considerato uno scarto. È scarto l'anziano, è scarto il disoccupato, è scarto il disabile, è scarto chi non ha successo, chi non appare. Il povero dà fastidio. E l'indifferenza aumenta la disparità. Si va di fretta, senza preoccuparsi che le distanze aumentano, che la bramosia di pochi accresce la povertà di molti. Ma il cristiano non va alla ricerca del tutto e subito, non ha il culto dell'io, ma piuttosto del tu, del noi. Allora, anziché provare fastidio quando li sentiamo bussare alle nostre porte, possiamo accogliere il loro grido di aiuto come una chiamata a uscire dal nostro io, ad accoglierli con lo stesso sguardo di amore che Dio ha per loro. E ci farà bene: perché accostare chi è più povero di noi toccherà la nostra vita. Tutto ciò che investiamo in amore rimane, il resto svanisce. L'omissione è anche un altro grande peccato nei confronti dei poveri. È l'indifferenza. È dire: "Non mi riguarda, non è affar mio, è colpa della società". È girarsi dall'altra parte quando il fratello è nel bisogno; è sdegnarsi di fronte al male senza far nulla. Ma ciò che ci viene chiesto e che ci verrà chiesto è se avremo fatto del bene, se non siamo stati immobili; se abbiamo rischiato per amore, se abbiamo messo in gioco la nostra vita per gli altri, non accettando di lasciare tutto com'è».

Per il Pontefice "Tendi la mano al povero" è dunque «un incitamento a farsi carico dei pesi dei più deboli», che «fa risaltare, per contrasto, l'atteggiamento di quanti tengono le mani in tasca e non si lasciano solo commuovere dalla povertà, di cui spesso sono anch'essi complici. L'indifferenza e il cinismo sono il loro cibo quotidiano».

Spesso il Papa ricorda le parole di don Tonino Bello, il vescovo di Molfetta che mobilitò la sua diocesi contro l'insediamento dei caccia bombardieri della Nato in Puglia; l'uomo che, anche da vescovo, scelse una vita sobria, semplice, di grande umiltà; l'uomo che incontrava i poveri personalmente, girava per le strade della città, andava alla stazione per incontrare i senzatetto; don Tonino, l'uomo che non si limitava alla compassione, ma voleva dare dignità. Papa Francesco, che ne ha promosso la causa di beatificazione, lo cita così: «Non possiamo limitarci a sperare, dobbiamo organizzare la speranza». Perché «se la nostra speranza non si traduce in scelte e gesti concreti di attenzione, giustizia, solidarietà, cura della casa comune, le sofferenze dei poveri non potranno essere sollevate, l'economia dello scarto che li costringe a vivere ai margini non potrà essere convertita, le loro attese non potranno rifiorire»[9].

«Lei ha visto», dice il Papa, «quante mani tese ci ha mostrato la pandemia che ha sconvolto la vita del pianeta? La mano tesa del medico che si è preoccupato di ogni paziente cercando di trovare la cura più efficace. La mano tesa dell'infermiera e dell'infermiere che sono stati vicini ai malati per lenire le loro sofferenze ben oltre l'orario del proprio lavoro. La mano tesa di quanti hanno lavorato per procurare i mezzi per salvare quante più vite possibile. La mano tesa dei sacerdoti che hanno benedetto con lo strazio nel cuore. La mano tesa dei volontari che hanno soccorso

[9] Papa Francesco, Messa dei poveri, Basilica di San Pietro, 14 novembre 2021.

chi viveva per strada e quanti non avevano da mangiare per dar loro una coperta e un piatto caldo per riscaldarsi, per sentirsi meno soli. Tutte queste mani tese hanno sfidato il contagio e la paura pur di dare sostegno e consolazione».

La crisi umanitaria riguarda tutti. E la pandemia che ci ha colpiti globalmente fa davvero sentire tutti sulla stessa barca. Ciascun popolo ha provato che cosa significa avere le stesse paure. Si è capito che le grandi questioni vanno affrontate insieme, perché oggi le soluzioni frammentate sono inadeguate. Si è capito che ci sono in gioco persone, vite umane.

«C'è in gioco il futuro di tutti», dice Francesco, «un futuro che sarà sereno solo se sarà un futuro integrato. L'avvenire sarà prospero solo se riconciliato con i più deboli. Perché quando i poveri vengono respinti, si respinge la pace. Le chiusure portano a conseguenze disastrose. Già Paolo VI chiudendo il Concilio Vaticano II, nella costituzione pastorale *Gaudium et spes* aveva scritto: "La ferma volontà di rispettare gli altri uomini e gli altri popoli e la loro dignità, e l'assidua pratica della fratellanza umana, sono assolutamente necessarie per la costruzione della pace"[10]. È un'illusione pensare che basti salvaguardare sé stessi, difendendosi dai più deboli che bussano alla porta. Il futuro ci metterà ancora più a contatto gli uni con gli altri. Ecco perché occorrono politiche di ampio respiro. La storia, ripeto, lo insegna: non dobbiamo voltare le spalle alla realtà. Basta con il continuo rimbalzo di responsabilità, che delega sempre ad altri la questione migratoria, come se a nessuno importasse e fosse solo un inutile peso che qualcuno è costretto

[10] *Gaudium et spes*, 78.

a sobbarcarsi. I volti, gli occhi dei poveri, dei migranti, dei bambini soli, ci impediscono di voltarci dall'altra parte. Il nostro futuro è importante quanto il loro. Anzi, dobbiamo lavorare per un futuro in comune. Sennò continueranno ad aumentare le disuguaglianze. Dobbiamo superare la paralisi della paura, l'indifferenza che uccide, il cinico disinteresse di chi con il sorriso condanna a morte chi sta ai margini della vita.

«È triste sentir proporre, come soluzioni, l'impiego di fondi comuni per costruire muri, per costruire fili spinati. Siamo nell'epoca dei muri e dei fili spinati! Capisco i timori, le insicurezze, le difficoltà e i pericoli. Capisco la stanchezza e la frustrazione, accresciute dalle crisi economica e pandemica, ma sono sicuro che non è alzando barriere che si risolvono i problemi e si migliora la convivenza. Chi impedisce l'immigrazione con la chiusura delle frontiere e con i fili spinati non pensa al tempo in cui anche lui forse è stato un migrante e voleva scappare ma aveva difficoltà a essere accolto. Chi costruisce muri perde il senso della propria storia, di quando lui stesso era straniero in un altro Paese. Ogni governo deve dire chiaramente quanti migranti può ricevere, è un suo diritto, ma nello stesso tempo i migranti vanno accolti, accompagnati, ascoltati e integrati. Se un governo non può fare questo allora deve dialogare con gli altri Paesi. L'Unione Europea deve fare armonia per la distribuzione dei migranti. Se non vengono integrati, questo maturerà in loro una cittadinanza di ghetto. Certo, non è facile accoglierli. Ma se non risolviamo il problema rischiamo di far naufragare la civiltà in Europa. Dobbiamo invece unire le forze per prenderci cura degli altri secondo le reali possibilità di ciascuno e nel rispetto della legalità, sempre mettendo al primo posto il valore inviolabile della vita di ogni uomo, di ogni donna, di ogni persona».

Per papa Francesco parlare di povertà significa allargare lo sguardo, immergerlo nei problemi della maggioranza dell'umanità, di tante popolazioni vittime di emergenze umanitarie che non hanno creato loro ma soltanto subito con lunghe storie di sfruttamento, magari ancora in corso. Ecco perché bisogna parlare dello sfruttamento dei poveri, delle guerre dimenticate e spesso abbondantemente finanziate; degli accordi economici fatti sulla pelle della gente, delle manovre occulte per trafficare armi e farne proliferare il commercio.

«Vanno affrontate le cause remote, non le povere persone che ne pagano le conseguenze, e spesso vengono pure usate per propaganda politica», accusa il Pontefice. Insomma, per rimuovere le cause profonde, non si possono solo e sempre tamponare le emergenze. Occorrono azioni concertate, favorire un'indispensabile integrazione, per accogliere in modo fraterno e responsabile le culture e le tradizioni altrui.

«Guardiamo i volti dei bambini. Dobbiamo trovare il coraggio di vergognarci davanti a loro, che sono innocenti e sono il futuro. E che ci chiedono: "Quale mondo volete darci?". Certo colpiscono tutti noi le crude immagini dei loro piccoli corpi stesi inerti sulle spiagge, ci procurano uno shock. Ma poi con troppa facilità dimentichiamo».

Immagini forti, introdotte con la passione di chi vuole un mondo più giusto. Una denuncia che culmina con le frasi dette a Lesbo nel dicembre del 2021: «Il mar Mediterraneo, che per millenni ha unito popoli diversi e terre distanti, sta diventando un freddo cimitero senza lapidi. Questo grande bacino d'acqua, culla di tante civiltà, sembra ora uno specchio di morte. Non lasciamo che questo luogo di incontro diventi teatro di scontro. Non permettiamo che questo "mare dei ricordi" si trasformi nel "mare della dimenticanza". Vi prego, fermiamo questo naufragio di civiltà!»[11].

Propongo al Papa una riflessione dell'economista francese Esther Duflo, premio Nobel per l'economia nel 2019 e insignita del premio Azione contro la Fame 2021 per il suo libro *Lottare contro la povertà*. Scrive la Duflo che, nel 2005, 1 miliardo e 400 milioni di persone vivevano con meno di un dollaro al giorno; ogni anno, almeno 27 milioni di bambini non ricevono le vaccinazioni essenziali; 526mila donne perdono la vita durante il parto e più di 6 milioni e mezzo di bambini muoiono prima di compiere un anno; più della metà dei bambini scolarizzati in India non è in grado di leggere un testo lungo o un paragrafo. Davanti all'ampiezza, alla complessità e allo sgomento che provocano situazioni del genere, si sarebbe tentati di arrendersi o di proporre soluzioni radicali, di promettere la fine della povertà[12].

La Duflo riporta anche un'immagine di John Maynard Keynes, economista britannico, padre della macroeconomia e considerato il più influente tra gli economisti del XX secolo. Keynes diceva che «...nel lungo periodo saremo tutti morti. Ogni anno, fra i 2 e i 3 milioni di bambini muoiono per malattie per cui esiste un vaccino. Che benefici potrà apportare la crescita economica a questi bambini, se non sopravvivono ai primi anni di vita?»[13].

[11] Papa Francesco, Discorso a Lesbo, 5 dicembre 2021.
[12] Esther Duflo, *Lottare contro la povertà*, Laterza, Roma-Bari 2021, p. 3.
[13] Ibidem, p. 55.

«Guardi», mi dice sporgendosi verso di me, «i poveri non possono aspettare. Nel mondo sono sempre più numerosi gli esseri umani che non hanno nulla, che non hanno neanche il pane per mangiare. Le ripeto: i poveri non possono aspettare. È la loro stessa situazione tragica che non lo permette. E ciò che fa più male è vedere venir meno la solidarietà verso chi sta male veramente. La nostra umanità scarseggia e non si riesce a far fronte all'angoscia, alla disperazione di quanti soffrono, perché spesso i meno fortunati non possono nutrirsi in modo sufficiente e sano. Mi creda, *i poveri non possono aspettare.* Ecco perché dobbiamo fare in modo che le belle azioni si trasformino subito in programmi che puntino davvero allo sradicamento della fame e delle povertà di questo pianeta. Ma spesso quando ci troviamo di fronte a queste difficoltà, alle grandi difficoltà che affliggono l'umanità, ecco allora sorgere enormi ostacoli, indecisioni, ritardi e tentennamenti politici. Sì, spesso manca la volontà politica, quella volontà che deve portare i governi a mettere fine alla fame e alla povertà. Perché questo è possibile: ma occorre una convinzione morale comune a tutti i popoli e a tutte le confessioni religiose. Porre al centro non il denaro ma il bene totale della persona. Quel bene che consiste nel fare all'altro quello che vorremmo fosse fatto a noi. È vero, si fanno accordi internazionali che cercano di dare risposte proponendo soluzioni, grazie anche alla scienza. Ma tutti gli sforzi non riescono a eliminare l'esclusione di gran parte della popolazione del pianeta. Lei ha visto quante sono le vittime della fame, delle guerre, dei disastri climatici, delle povertà. Quanta gente manca del lavoro e dei valori essenziali per vivere. Senza cibo, senza lavoro, senza dignità, con i segni della povertà, anche l'anima cambia. Perché neppure l'anima può abitare un corpo devastato. La povertà toglie il respiro anche all'anima: l'annienta, la umilia. E questa violenza ne produce altre. Non sempre i muri sono di cemento, possono essere – e anzi spesso lo sono – di pane, di povertà. Le risorse, soprattutto quelle alimentari che portano poi alla povertà, sono spesso in mano alla speculazione che le misura solo in funzione del profitto economico dei grandi produttori e non alle esigenze concrete degli esseri umani. In questo modo nascono i conflitti, gli sprechi; aumentano le file degli ultimi della terra che cercano un futuro e costringono alle migrazioni, con tutto il dramma che si porta con sé chi fugge e lascia la sua terra. Per questo le dico che dobbiamo evitare di pensare alla fame e alla povertà come a un male incurabile: tutt'altro».

«Santità», dico, «all'incontro internazionale di pace organizzato dalla Comunità di Sant'Egidio nell'ottobre del 2021, accanto ai leader religiosi del mondo lei ha detto che occorrono "...meno armi e più cibo, meno ipocrisia, più trasparenza, più vaccini e meno fucili"».

«È la guerra che si prende gioco della vita umana. E la violenza è il tragico e sempre prolifico commercio delle armi, che si muove spesso nell'ombra, alimentato da fiumi di denaro sotterranei. La guerra è un fallimento della politica e dell'umanità, una resa vergognosa, una sconfitta di fronte alle forze del male. Dobbiamo smettere di accettarla con lo sguardo distaccato della cronaca e sforzarci di vederla con gli occhi dei popoli. Nell'ultimo anno sono state vendute ancora più armi. Ci sono popoli che hanno perso la sicurezza, la pace e la comune convivenza, diventando vittime delle distruzioni, delle rovine e delle guerre».

Il SIPRI (Stockholm International Peace Research Institute, tra i più prestigiosi al mondo per gli studi sulla pace, con sede a Stoccolma) ha diffuso le sue nuove stime sulla spesa militare mondiale. Secondo l'Istituto svedese le spese militari mondiali sono aumentate nel 2020 del 2,6% in termini reali (+9,3% nell'ultimo decennio) e sono ora stimate a una cifra complessiva di 1.981 miliardi di dollari. Nel 2017 la spesa era di 1 miliardo 739 milioni. I primi undici Paesi per spesa militare nel 2020 sono sempre Stati Uniti, Cina, India, Russia, Regno Unito, Arabia Saudita, Germania, Francia, Giappone, Corea del Sud e Italia. Sì, anche l'Italia all'undicesimo posto, con una spesa per il 2020 che il SIPRI stima in 28,9 miliardi di dollari: il 7,5% in più rispetto al 2019[14].

«Ci vogliono parole chiare», dice il Papa, «perché con parole chiare dobbiamo incoraggiare il mondo a deporre le armi, a ridurre le spese militari per provvedere ai bisogni umanitari, a convertire gli strumenti di morte in strumenti di vita. Meno armi e più cibo, meno ipocrisia e più trasparenza, più vaccini distribuiti equamente e meno fucili venduti in modo sprovveduto».

Cito Franklin Delano Roosevelt, 32° presidente degli Stati Uniti d'America dal 1933 al 1945: «Coloro che – a milioni – vivono nel bisogno non resteranno eternamente immobili e silenziosi, quando quello che potrebbe soddisfare i loro bisogni è a portata di mano».

Il Papa sorride: «Vede, la mancanza di alimenti non è qualcosa di naturale. Oggi nel XXI secolo si patiscono fame e povertà: questo è dovuto a una mercantilizzazione delle risorse. Abbiamo trasformato un dono della terra in un

[14] L'Istituto Internazionale di Ricerche sulla Pace di Stoccolma è un ente indipendente che si occupa di studi sulla pace. Fu fondato nel 1966 per commemorare i 150 anni di pace ininterrotta in Svezia.

privilegio per pochi: ma così non si fa altro che alimentare l'esclusione, lo scarto. Il consumismo ci ha abituati al superfluo, anche nelle risorse primarie: nell'acqua, nel cibo, nel vestirsi. Tanto che a questi beni – che devono essere di tutti – non siamo più capaci di dare il giusto valore. Ma il vestito che si nega al povero, il cibo che si spreca, è come se li si rubassero alla mensa di chi ha fame, di chi ha bisogno. Non possiamo permettere che i mercati finanziari decidano le sorti dei popoli invece che servirne i bisogni. Non è umano che pochi si arricchiscano con la speculazione mentre tanti ne subiscono le conseguenze».

Jeffrey Sachs, l'economista americano direttore dell'Earth Institute alla Columbia University e consigliere speciale delle Nazioni Unite, da poco nominato da papa Francesco membro dell'Accademia Pontificia delle Scienze, ha scritto un best seller dal titolo *La fine della povertà*, nel quale sostiene che la povertà potrebbe essere eliminata nel giro di vent'anni se solo i Paesi ricchi si mettessero d'accordo nell'investire denaro a sufficienza per aiutare i Paesi poveri. Secondo Sachs, infatti, i Paesi poveri sono prigionieri di una "trappola della povertà", dovuta nello specifico al clima, agli svantaggi geografici e alle malattie. Azioni mirate (sovvenzioni per i concimi, micro-credito, zanzariere, scuole gratuite ecc.) li metterebbero nelle condizioni di liberarsi da questa trappola. Per altri, come William Easterly – economista americano specializzato nello sviluppo economico, professore di economia alla New York University, insieme ad Africa House, e condirettore del Development Research Institute della NYU, che combatte le tesi di Jeffrey Sachs – gli aiuti economici non possono risolvere il problema. Al contrario, gli effetti deleteri di questi ultimi (corruzione, dirottamento delle priorità dello Stato, ecc.)

superano di gran lunga quelli positivi. Nel suo libro *I disastri dell'uomo bianco*, Easterly denuncia l'industria degli aiuti allo sviluppo, un colossale fallimento che sopravvive solo per gli interessi della lobby che lo sostiene.

Papa Francesco mi guarda negli occhi, profondo, diretto, incisivo com'è sua abitudine: «Lei sa gli effetti che producono fame, povertà ed esclusione? Come possiamo fermare queste popolazioni che hanno perso tutto e che sono disposte a rischiare tutto, anche la loro vita. Prenda i migranti: pur consapevoli che la traversata del Mediterraneo potrebbe diventare la loro tomba, l'affrontano lo stesso, perché la loro disperazione, la loro speranza in una vita migliore, in un mondo migliore, dà loro la forza di superare qualsiasi paura: anche quella della morte. Sono intere generazioni che rischiano di scomparire perché mancano delle minime risorse quotidiane: un pezzo di pane per nutrirsi, un vestito dignitoso per coprirsi, una coperta che dia loro calore. E mentre fuggono conoscono altre violenze, altre umiliazioni. Dove vanno? È chiaro che vanno dove possono vedere la luce, dove sperano di trovare una speranza di vita. E la loro disperazione non può essere fermata da muri di pietra o di filo spinato, da barriere fisiche, economiche o legali. Chi è scartato, umiliato, in condizione di inferiorità non può difendersi, non ne ha i mezzi, è vulnerabile: vive cioè l'esclusione, lo scarto, la violenza, l'indifferenza, l'intolleranza, persino l'odio».

"Mettersi nelle scarpe degli altri" è una frase di papa Francesco. Dico che anche in Italia si usa un modo di dire analogo.

«Sì lo so, voi dite "mettiti nei miei panni". Ma noi parliamo di scarpe. Sa perché? Perché i panni anche se stanno larghi o stretti, comunque ti coprono, ti riscaldano. Ha mai provato invece a infilarsi un paio di scarpe larghe o strette? Non si cammina! Non si riesce a camminare. Ecco perché non vogliamo indossare le scarpe degli altri. Spesso siamo schiavi del nostro stesso egoismo. Perché la gente preferisce pensare ai propri problemi senza voler vedere la sofferenza che c'è nell'altro. E invece non basta soltanto ascoltare, bisogna anche capire. E bisogna appunto mettersi nelle scarpe degli altri.

«Noi non capiamo esattamente cosa sia la povertà. La povertà è frutto dell'ingiustizia sociale, della miseria morale, dell'indifferenza e dell'avidità di pochi. Eppure questa povertà ci guarda e ci interroga ogni giorno con i suoi mille volti segnati dalla violenza, dalla rassegnazione, dalle guerre, dallo schiavismo, dall'ignoranza, dall'emergenza sanitaria, dalla mancanza di lavoro, dall'esilio, dalla miseria, dalle migrazioni. La povertà ha lo sguardo di donne, bambini, anziani sfruttati per mille interessi, calpestati dalle logiche perverse del potere e del denaro. Noi non possiamo rassegnarci a tutto questo. Non possiamo stare a guardare. Non possiamo dire "passa domani!". Il grido dei poveri diventa ogni giorno più forte, ma ogni giorno meno ascoltato, sovrastato dal frastuono di pochi ricchi, che sono sempre meno e sempre più ricchi. Non possiamo far finta di non ascoltare il grido di chi affronta le tempesta della vita senza avere accanto la presenza di un amico o senza la certezza di un approdo. Noi oggi più che mai dobbiamo esser determinati in questa battaglia. Dobbiamo ascoltare la voce dei più poveri. Non mi stancherò mai di ripeterlo: pochi hanno troppo e troppi hanno poco. Questo modo maligno di vivere porterà a una disuguaglianza che sarà disastrosa per il futuro dell'umanità. Dobbiamo unire gli sforzi, moltiplicare gli sforzi, raggiungere più consensi, rendere più forti i legami internazionali fra gli uomini e con gli Stati: solo così potremo raggiungere soluzioni definitive e non vivere di emergenze».

La povertà: la prima emergenza di papa Francesco. Era il 17 dicembre del 2014 quando, per il suo compleanno, decise di regalare quattrocento sacchi a pelo a chi dormiva all'addiaccio, ai senza fissa dimora che stazionavano in piazza San Pietro. Le coperte, con lo stemma del Pontefice, furono distribuite da decine di volontari. Poi, nel 2015 arrivò un nuovo dormitorio, destinato ai senzatetto: un dormitorio in grado di ospitare fino a 34 indigenti nei locali che godono della extraterritorialità, messi a disposizione dai Gesuiti e finanziato con il denaro della Elemosineria Apostolica. Poi il servizio mensa: un cibo caldo la sera quando il freddo si fa sentire. Ma per il pranzo e per la cena si poteva fare comunque riferimento all'ostello per i poveri voluto da san Giovanni Paolo II presso la stazione Termini. E infine le docce, altro servizio dell'Elemosineria Apostolica sotto i portici di San Pietro: a disposizione bagni con docce e, una volta a settimana, servizio di barbiere gratuito. Insomma un tetto per i senzatetto. L'affetto del Papa per i clochard che abitano le vie e le viuzze intorno a San Pietro è profondo. I senzatetto sono il "prossimo" di Bergoglio in tutti i sensi: li sente vicini, non solo fisicamente, e si preoccupa per le loro sofferenze. Sono loro i veri inquilini di papa Francesco, gesuita con la familiarità pastorale di non perdere mai il contatto con gli ultimi. Come nella sua Buenos Aires dove – da parroco, da vescovo e da cardinale – non mancava di far visita ai carcerati, nei dormitori, tra le baracche delle *villas miserias*, assistendo malati, aiutando famiglie indigenti. Così i senzatetto sono diventati la vera famiglia del Papa.

Il suo asso nella manica è don Konrad Krajewski, elemosiniere pontificio, ordinato cardinale nel 2018. Polacco, è un uomo molto riservato. Non rilascia interviste e non indossa vesti di rango cardinalizio. Lo si trova in maniche di camicia negli uffici dell'Elemosineria Apostolica tutto il giorno, mentre riceve la povera gente, mentre distribuisce pacchi alimentari e vestiti, mentre ascolta chi ha bisogno.

«Certo», dice Bergoglio sorridendo, «i poveri si avvicinano a noi anche perché distribuiamo loro il cibo, ma ciò di cui hanno veramente bisogno va oltre il piatto caldo o il panino che offriamo. I poveri hanno bisogno delle nostre mani per essere risollevati, dei nostri cuori per sentire di nuovo il calore dell'affetto, della nostra presenza per superare la solitudine. Hanno bisogno di amore, semplicemente».

Si racconta che, un giorno, un collaboratore dell'Elemosineria, nel congedarsi da un colloquio col Papa, disse: «Santità, oggi è il compleanno del signor Claudio. È un cinquantenne che vive ai margini della vita. Ha perso tutto, la famiglia, il lavoro, il sorriso. Vive con gli altri poveri cui offriamo assistenza. È un bravaccio». Pare che il Papa lo guardò: «Portalo a pranzo. Portalo in un ristorante, di quelli buoni, un locale elegante, festoso. Mangiate insieme. Un pranzo completo. E del vino buono. Pago io», disse, infilando la mano nella tasca dei pantaloni sotto la tonaca bianca. Poi, mentre il collaboratore si allontanava, quasi sulla porta venne richiamato dal Papa: «Senti», gli disse, «fai trovare al centro del tavolo un bel mazzo di fiori». «Va bene», rispose il collaboratore. E il Papa aggiunse: «Freschi, però, e colorati! Mi raccomando».

FAME E POVERTÀ:
UNA MONTAGNA DA SCALARE E DA VINCERE

«La tempesta perfetta», così la chiama David Beasley, Direttore esecutivo del World Food Programme (Programma alimentare mondiale), l'agenzia delle Nazioni Unite con sede a Roma che si occupa di assistenza alimentare, la più grande organizzazione umanitaria del mondo, Nobel per la Pace 2020.

Beasley, persona affascinante e speciale, è spesso l'ultima speranza per i milioni di persone, sparse in 84 Paesi, che lottano contro la fame, la povertà, il freddo, le guerre e l'indifferenza del mondo. Nel 2020, parlando al Consiglio di sicurezza dell'ONU, ha sottolineato che oggi con il Covid-19 non stiamo solo affrontando una pandemia su scala globale, ma anche una catastrofe umanitaria mondiale. Milioni di civili che vivono in nazioni segnate dai conflitti, tra cui molte donne e bambini, affrontano il rischio di morire di fame, con lo spettro della carestia che diventa una possibilità reale e molto pericolosa. Un quadro sconvolgente al quale occorre dare subito risposte concrete.

«Sì», confessa, «è un quadro davvero sconvolgente, se si considera che il numero delle persone che soffrono di insicurezza alimentare acuta è salito drammaticamente dal

2019: da 135 milioni siamo arrivati ora a 345 milioni di persone. Ci sono poi circa 50 milioni di persone, in 45 Paesi, a un passo dalla carestia, e anche solo un piccolo shock potrebbe far loro oltrepassare quella soglia. Senza un'immediata assistenza alimentare d'emergenza, tutte queste persone rischiano la morte per fame.

«È proprio così: ci troviamo in una *tempesta perfetta*: conflitti, shock climatici e le conseguenze economiche del Covid-19 stanno portando la fame acuta a livelli record. Il costo dell'inazione sarà misurato in vite umane perse. Se non si intensificano gli sforzi per fornire assistenza alimentare in questa emergenza globale, si aggiungeranno altri milioni di persone a quante sono già a rischio di inedia, e le conseguenze potrebbero essere migrazioni di massa e la destabilizzazione dei Paesi. Sarebbe una vergogna per tutti noi se lasciassimo che ciò accada.

«Non dimentichiamo, poi, tutte quelle persone che soffrono la fame cronica, in aumento anch'esse. Sono state, nel 2021, 828 milioni di persone, nel 2020 erano 765 milioni. Si tratta di un forte aumento rispetto all'anno precedente e si inserisce nel contesto di un anno, il 2022, che registra bisogni umanitari senza precedenti.

«Il nostro intervento, l'intervento del World Food Programme nel mondo, è il più grande nella sua storia, un intervento potenziato che porta aiuto ai milioni di persone che ne hanno bisogno. Il WFP possiede l'*expertise* necessaria a fornire assistenza alimentare e nutrizionale salvavita a tutte le persone a rischio carestia: ci servono però finanziamenti e accesso, se vogliamo raggiungerle. È una corsa contro il tempo e abbiamo bisogno urgentemente che i donatori intensifichino i loro sforzi. Il nostro mondo gode di una ricchezza globale del valore di 430mila miliardi di dollari, significa che possiamo farcela ma significa anche che tutti devono fare la propria parte nel 2022».

Non è semplice. E le previsioni non sono felici. Ci sono circa 36 Paesi che potrebbero entrare nelle condizioni di carestia se non arrivano subito gli aiuti economici. I Paesi a rischio sono ancora una volta quelli meno fortunati: Yemen, Sud Sudan, Nigeria nord-orientale e Burkina Faso posseggono alcune aree che hanno raggiunto una situazione di fame critica dopo anni di conflitto e di altri shock, e qualsiasi ulteriore deterioramento nei prossimi mesi potrebbe portare a un rischio di carestia. Altri Paesi richiedono "attenzione urgente": Afghanistan, Camerun, Repubblica Centrafricana, Congo, Etiopia, Haiti, Libano, Mali, Mozambico, Niger, Sierra Leone, Somalia, Sudan, Siria, Venezuela e Zimbabwe. Tutti gli sforzi sono orientati ad arginare questa piaga?

Ma Beasley va oltre: «La prospettiva globale cambia rapidamente. Al momento, cioè a metà 2022, assistiamo a una gravissima crisi umanitaria in Ucraina, un Paese che era il granaio d'Europa e ora invece vede persone in fila per un pezzo di pane; l'Afghanistan registra una nuova classe di affamati, con perdite di posti di lavoro, alti prezzi e mancanza di contante disponibile; nel sud del Madagascar le persone stanno vivendo una siccità devastante; il Libano è scosso da un collasso economico senza precedenti; un terribile conflitto sta colpendo il nord Etiopia; e potrei continuare ancora per molto.

«Lo strumento più potente che il WFP può mettere in campo per salvare vite umane e allontanare lo spettro della fame è l'assistenza alimentare d'emergenza. Questo è fondamentale, se si vogliono salvare vite nel breve periodo. Sappiamo tutti quanto i governi siano in difficoltà nel rispondere adeguatamente ai bisogni crescenti nel mondo. È per questo che sto lanciando un appello d'emergenza alle persone ricche affinché, per una sola volta, facciano donazioni generose così che il World Food Programme e i suoi partner umanitari possano far arrivare cibo d'emergenza ai milioni di persone che sono letteralmente sull'orlo della morte per fame. Se i prezzi dei generi alimentari dovessero continuare a salire, il WFP avrebbe un doppio problema: costerà di più acquistare cibo per i nostri interventi e contemporaneamente aumenterà il numero delle persone che avranno bisogno di assistenza alimentare. Il nostro budget operativo ha già raggiunto il massimo storico.

«Ma, per eliminare la minaccia della morte per fame e per prevenire le carestie, c'è anche bisogno di interventi coordinati e a lungo termine, per esempio i progetti per rafforzare l'istruzione, la nutrizione, i mezzi di sostentamento e i sistemi di protezione sociale. Il WFP lavora in tutti questi settori, insieme ai nostri partner nel mondo per rafforzare i sistemi alimentari così che riescano a sfamare tutti. Collaboriamo con i governi, il settore privato, le organizzazioni non governative locali e internazionali e chiunque voglia aiutarci a raggiungere un mondo dove più nessun bambino debba soffrire la fame».

Fame e povertà, un binomio che fa paura. Le stime della Banca Mondiale indicano che tra i 70 e i 100 milioni di persone potranno cadere nella povertà estrema. E secondo l'Organizzazione Internazionale del Lavoro circa 2 miliardi di persone sono lavoratori fortemente a rischio, perché se non escono di casa ogni giorno e se quel giorno non riescono a lavorare, quel giorno non si guadagna e dunque non si mangia.

Con la guerra in Ucraina poi, iniziata a fine febbraio 2022, c'è stata una accelerazione nel deterioramento della crisi alimentare globale che ha già avuto e avrà ancora di più nel futuro un drammatico impatto sugli affamati nel mondo. Beasley ne è consapevole.

«Il conflitto in Ucraina, che ha coinvolto due dei maggiori produttori di cereali, gas e fertilizzanti, ha provocato un forte sconvolgimento nei mercati alimentari ed energetici globali. Con i prezzi dei generi alimentari già ai massimi da dieci anni e la crescita economica in rallentamento, il conflitto sta spingendo la crisi alimentare globale a un nuovo livello.

«Con il cibo prodotto dall'Ucraina si sfamavano 400 milioni di persone prima di questa guerra. Il WFP comprava cibo dall'Ucraina per i suoi interventi nel mondo, ora invece si trova ad assistere la sua popolazione. Ci preoccupa molto l'impatto degli aumenti dei prezzi alimentari sulle persone più vulnerabili del mondo. Gli effetti a catena della guerra in Ucraina hanno fatto aumentare ancora di più i prezzi di cibo ed energia. Questo è particolarmente vero nei Paesi che dipendono dalle importazioni di cibo dalla regione del Mar Nero e allo stesso tempo devono fare fronte a un mix di conflitti, shock climatici, ricadute della pandemia di Covid-19 e recessione economica.

«Ciò a cui stiamo ora assistendo è una crisi di accessibilità economica, ma nel giro di pochi mesi questa potrebbe trasformarsi in una crisi di disponibilità di cibo e il rischio di carestia sarà ancora più alto, così come il numero di persone colpite. Gli aumenti dei prezzi di cibo e petrolio stanno facendo aumentare i costi operativi mensili del WFP di milioni di dollari al mese, rispetto al 2019. Con quelle somme potremmo fornire assistenza a quasi 4 milioni di persone con una razione giornaliera per un mese. Invece, ora siamo costretti a prendere la decisione più difficile di sempre, scegliere chi nutrire e chi non nutrire. Stiamo togliendo cibo a chi ha fame per darlo a chi di fame sta morendo. E in alcuni casi, siamo anche costretti ad andare oltre, e a tagliare le razioni per mancanza di fondi. È fondamentale che ci si impegni tutti pienamente, mettendo in campo azioni che evitino carestie multiple».

Uno sguardo finale va ai bambini. La loro è una condizione molto preoccupante. Un recente studio del WFP, insieme con UNICEF, OMS e FAO, afferma che la combinazione di condizioni di malnutrizione già esistenti e l'impatto del Covid-19 costituiranno un mix letale. Si prevede un aumento di milioni di bambini che soffriranno ulteriormente di deficit di sviluppo o deperimento, arrivando a previsioni davvero drammatiche di 10mila decessi di bambini ogni mese a causa della malnutrizione e degli effetti del Covid-19 nei primi 12 mesi della pandemia.

«I bambini sono il nostro futuro. Per questo, essi sono al centro delle operazioni e dei programmi del WFP. Purtroppo, però, il mondo non si trova sulla strada giusta per raggiungere l'obiettivo che si era prefissato di porre fine alla fame e alla malnutrizione entro il 2030. Gli effetti a cascata del Covid stanno spingendo sempre più milioni di bambini verso la malnutrizione, e a pagarne il prezzo maggiore sono i bambini delle comunità vulnerabili, con conseguenze sulla loro salute e sul loro sviluppo che dureranno per tutta la vita.

«È per cercare di fare fronte a questo enorme problema che il WFP, insieme ad altre quattro agenzie delle Nazioni Unite – FAO, UNESCO, UNICEF e OMS – ha lanciato la Coalizione per i Pasti a Scuola, la cui visione è di dare un pasto nutriente a scuola a ogni bambino e bambina in difficoltà. Tutto questo entro il 2030. I programmi di alimentazione scolastica, infatti, sostengono la crescita e lo sviluppo degli alunni, aiutano a combattere la povertà infantile, la fame e la malnutrizione in tutte le sue forme. Questi programmi possono far tornare i bambini a scuola, specialmente le bambine, riparando i danni inferti alla loro istruzione dal Covid-19. Possono, inoltre, creare opportunità di lavoro locale e dare la possibilità ai piccoli agricoltori di avere un reddito sufficiente a sfamare le proprie famiglie. Si tratta di quelli che chiamiamo i "programmi di alimentazione scolastica con cibo coltivato localmente", perché, nelle scuole, viene usato cibo prodotto dagli agricoltori del posto. Questi programmi possono avere un notevole impatto positivo sulle comunità.

«Bisogna lavorare assieme per realizzare tutto ciò. A oggi, ci sono pochi dubbi sul fatto che il mondo stia facendo passi indietro nei suoi sforzi di porre fine alla fame. Dobbiamo prenderne atto: le proiezioni per il 2030 indicano che saranno ancora circa 670 milioni le persone che soffriranno la fame, praticamente lo stesso numero di quando furono lanciati gli Obiettivi di Sviluppo Sostenibile con l'Agenda 2030, nel 2015».

Eppure, la montagna si può e si deve scalare. Con impegno e cooperazione globali, possiamo riprendere la strada e andare avanti verso la nostra visione comune di un mondo a Fame Zero entro il 2030.

QUANDO IL RICCO È TROPPO RICCO E IL POVERO È TROPPO POVERO

«Non consentite ai leader del G8 di lasciare la Scozia senza aver presentato piani seri per porre fine alla povertà e affrontare i cambiamenti climatici. Saranno lì per indicarci un cammino che porti alla fine della povertà estrema. Lanciate loro un monito serio: non ve andrete se non avrete fatto il vostro lavoro. Non ve ne andrete senza aver messo in campo le soluzioni per questi problemi»[1].

Lo diceva il 20 giugno del 2005 Jeffrey Sachs, lanciando il suo appello al popolo britannico in vista del vertice dei ministri degli esteri del G8 che si sarebbero riuniti a Gleneagles in Scozia. Gli otto Grandi dovevano affrontare i temi dell'economia globale, degli aiuti alle nazioni sottosviluppate e delle politiche ambientali da attuare su scala planetaria per combattere l'effetto serra e i problemi dovuti alle mutazioni del clima.

Aveva fatto eco a Sachs anche il cardinale Keith O'Brien, arcivescovo di Edimburgo: «Non abbiamo intenzione di essere complici della barbarie» scriveva O'Brien, «e siamo scandalizzati dalla sofferenza causata dalla povertà». L'arci-

[1] Jeffrey Sachs, Lettera in vista del vertice G8 di Gleneagles (Scozia), 2 luglio 2005.

vescovo, sosteneva la campagna *Make poverty history* (Consegna la povertà alla storia) per la cancellazione del debito e a favore di un commercio internazionale che rispondesse a criteri di giustizia per aiutare lo sviluppo dei Paesi più poveri: «La povertà è un crimine contro l'umanità, una grande ingiustizia di fronte alla quale siamo tutti chiamati a rispondere perché restare passivi è essere complici di questa barbarie». Il cardinale O'Brien era anche presidente dello Sciaf (il Fondo della Chiesa cattolica scozzese per gli aiuti internazionali). Toccava con mano le sofferenze e le povertà del suo popolo. Così, aveva detto ai Grandi del pianeta senza complimenti diplomatici: «Provo vergogna per la risposta del mondo alle condizioni davvero disumane di troppe popolazioni del continente africano. Chiedo ai leader del G8 di ascoltare la voce dei loro cittadini e si ricordino il gran bene che possono fare»[2].

Forse il cardinale alludeva a un "commercio internazionale" – che si vuole il più libero possibile – e che sarebbe realizzabile solo se anche le persone e non solo le merci fossero veramente libere di spostarsi. Volere il libero mercato ma i muri alle frontiere è non solo disumano ma inutile da un punto di vista puramente tecnico. È illogico, perché sarebbe come pretendere che la legge dei vasi comunicanti funzionasse anche se alle vasche fossero attaccati rubinetti chiusi.

Jeffrey Sachs parlando ai giornalisti era stato ancora più diretto: «Ogni giorno, il vostro giornale potrebbe titolare: "Più di 20mila persone sono morte ieri a causa della povertà estrema". Ogni giorno! Ed è possibile evitare ognuna di

[2] Keith O'Brien, cardinale di Edimburgo, vertice del G8 a Gleneagles.

queste morti. Non è semplicemente qualcosa che accade, come la pioggia. È qualcosa che noi possiamo cambiare in un breve periodo di tempo. Il G8 è il momento giusto perché il mondo si alzi e dica "mai più". Lo scopo degli aiuti è quello di evitare le "trappole della povertà". Quando si lotta ogni giorno per sopravvivere, per mangiare, non c'è più il capitale in surplus per costruire strade o acquistare medicine o zanzariere per contrastare la malaria. Così, la povertà ti intrappola, letteralmente. Non c'è margine di entrate da investire per il futuro. Quando la gente dice che l'Africa ha bisogno di "commercio, non di aiuti", non centra il punto. Hanno bisogno di commercio oltre che di aiuti, o non riusciranno mai a uscire dalla trappola della povertà»[3].

Il grido d'allarme, il professor Sachs, lo aveva già lanciato nel 2002 al vertice sull'alimentazione della FAO riunito a Roma dal 10 al 13 giugno: «Il mondo possiede i mezzi e le conoscenze per porre fine al problema della fame e della povertà ma gli manca la capacità di passare dalle parole ai fatti. Non ci sono assolutamente scuse per un ulteriore ritardo nel progresso della lotta contro la fame e la povertà».

Nel suo Programma contro la fame, la FAO aveva calcolato che per ridurre il numero di persone malnutrite da 800 a 400 milioni entro il 2015 era necessario un investimento pubblico annuo di 24 miliardi di dollari nell'agricoltura e nello sviluppo rurale delle nazioni povere. «Per finanziare ciò», aveva spiegato Sachs, «dobbiamo mettere da parte il 5% ogni 100 dollari. Tale investimento potrebbe servire a salvare milioni di persone dalla fame e dalla morte».

[3] Jeffrey Sachs, intervista a "The Independent", 20 giugno 2005.

Ma siccome il tema partiva da lontano e, constatato che i Grandi del pianeta prendevano impegni a lungo termine spesso senza mantenerli, Sachs aveva così affondato: «Al primo vertice mondiale sull'Alimentazione nel 1996 avevamo deciso di dimezzare la fame entro il 2015. È scioccante constatare come l'ODA, l'Assistenza Ufficiale per lo Sviluppo (Official Development Assistance) data all'agricoltura, sia precipitata negli anni '90. Questo è un errore! Se i Paesi ricchi provvedono a importanti investimenti per l'agricoltura nelle aree rurali dei Paesi poveri, i poveri potranno vivere, usciranno dalla povertà e potranno avere un futuro migliore. Fino a ora, nessuna nazione ricca ha veramente preso un impegno per risolvere il problema della fame nel mondo»[4].

Certo, Sachs sapeva che ridurre la fame avrebbe avuto un costo. «Non possiamo porre fine alla fame senza risorse economiche o solo a parole», aveva detto. Occorreva investire nell'agricoltura, nella sanità, nell'educazione, nei cosiddetti *Millenium goals*[5]: rendere universale l'istruzione primaria, promuovere la parità dei sessi e l'autonomia delle donne; ridurre la mortalità infantile; ridurre la mortalità materna; combattere l'HIV/AIDS, la malaria e altre malattie; garantire la sostenibilità ambientale; incrementare un partenariato mondiale per lo sviluppo, altrimenti – avvertiva – «non faremo alcun progresso». L'ONU stimava che il beneficio di ridurre il numero dei sottoalimentati fosse almeno di 120 miliardi di dollari all'anno.

[4] Jeffrey Sachs, *Vertice mondiale sull'alimentazione*, FAO, Roma, 10-13 giugno 2002.

[5] Gli *Obiettivi di sviluppo del millennio* delle Nazioni Unite sono otto obiettivi che tutti i 193 stati membri dell'ONU si sono impegnati a raggiungere per l'anno 2015. La Dichiarazione del Millennio delle Nazioni Unite, firmata nel settembre del 2000, impegnava gli Stati a sradicare la povertà estrema e la fame nel mondo, a rendere universale l'istruzione primaria, a promuovere la parità dei sessi e l'autonomia delle donne, a ridurre la mortalità infantile.

Jeffrey Sachs, docente di economia di fama mondiale, autore di best seller e leader globale nello sviluppo sostenibile, è riconosciuto per le strategie audaci ed efficaci per affrontare sfide complesse tra cui la crisi del debito, la transizione dalla pianificazione centralizzata all'economia di mercato; il controllo dell'AIDS, della malaria e di altre malattie; la fuga dalla povertà estrema e la battaglia per una maggiore umanità.

È presidente della Rete delle soluzioni per lo sviluppo sostenibile delle Nazioni Unite; commissario della Commissione per la banda larga delle Nazioni Unite per lo sviluppo, e difensore degli SDG per il Segretario generale delle Nazioni Unite António Guterres. È stato anche consigliere speciale dei segretari generali dell'ONU Kofi Annan e Ban Ki-moon. Sachs è il presidente della Commissione Covid-19 di Lancet (luglio 2020). Il 25 ottobre del 2021, papa Francesco lo ha nominato membro ordinario della Pontificia Accademia delle Scienze Sociali, prestigioso consesso di accademici. Sachs è stato uno degli autori principali dell'enciclica *Laudato si'* del 2015 e, da allora, è stato spesso presente nei dibattiti economici e sociali nell'orbita vaticana. Ha scritto e curato numerosi libri, fra cui tre best seller del New York Times: *The End of Poverty* (tradotto in numerose lingue), *Common Wealth: Economics for a Crowded Planet* e *The Price of Civilization.* Ha vinto il Blue Planet Prize 2015, il principale premio mondiale per la leadership ambientale. È stato nominato due volte tra i 100 leader mondiali più influenti dalla rivista "Time" e ha ricevuto 38 lauree honoris causa. Per il "New York Times", Sachs è «probabilmente l'economista più importante del mondo»; per "Time" «il più famoso del mondo». "The Economist" lo ha classificato fra i tre economisti viventi più influenti.

La tesi del professore è chiara: ogni 24 ore muoiono nel mondo 20mila persone a causa delle condizioni di totale indigenza in cui conducono la propria vita. Centinaia di milioni di uomini e donne lottano quotidianamente contro la fame e le malattie, mentre i Paesi ricchi aumentano di giorno in giorno la loro ricchezza e il loro dominio sul pianeta. Sachs crede sia possibile debellare la povertà, almeno nelle sue forme più estreme, entro il 2025, e con essa risolvere parte dei problemi ambientali che affliggono il pianeta: «Produciamo cibo a sufficienza per tutti, ma molti rimangono senza il pane quotidiano. Questo costituisce un vero scandalo, un crimine che viola i diritti umani fondamentali». Una tesi che ha trovato totale condivisione in papa Francesco.

Ho sentito dal vivo per la prima volta Jeffrey Sachs a Madrid nel 2019, nel corso del convegno internazionale voluto dalla Comunità di Sant'Egidio e intitolato "Pacesenzaconfini", "Peace with no borders, Religion and Cultures in Dialogue".

Aprendo il suo incontro con i giovani, dal titolo "*Una sola Tierra, una paz global*", il lunedì 16 settembre alle 17.30, al palazzo municipale dei congressi, Sachs aveva affascinato la platea così: «Troppi leader oggi diffondono odio, paura, corruzione. Troppi usano il pretesto dell'identità nazionale come fosse un randello contro i deboli e i vulnerabili. Eppure noi oggi siamo qui a supplicare i provocatori di odio. Siamo qui a insistere perché la nostra umanità è fatta di riflessione, di ragionamento, di intelletto, di pensiero, di logica, di saggezza; e questo ci deve permettere di realizzare il bene comune. La nostra ragione può mettere fine alla guerra, ed evitarla in futuro. La guerra esiste a causa del grande potere dell'arroganza. Oggi ci sono le guerre perché la siccità, le inondazioni – rese più frequenti dal cambiamento climatico causato dall'uomo – stanno generando fame, emigrazione di massa e perdite di raccolti; che a loro volta provocano nuove ondate di violenza e rischiano nuove guerre; guerre anche commerciali che portano a ritorsioni e a escalation. Molti governanti utilizzano il potere delle banche per creare fame e disperazione»[6].

E poi aveva scosso l'assemblea e i giovani in particolare dichiarando, nel silenzio generale: «Il reddito mondiale quest'anno è di 90 trilioni di dollari, oltre 11mila dollari pro capite» (nel 2021 la cifra è arrivata a 100 trilioni di dollari).

Facciamo un rapido calcolo con il telefonino. Un trilione di dollari equivale a un milione di bilioni, cioè un milione di miliardi, ossia mille milioni di milioni di dollari. Pari a circa 720mila milioni di euro. Ma ci fermiamo qui. Perché in realtà tradurre un numero così alto è per noi impossibile. Sembra un concetto astratto. Così come sembra astratta l'economia globale. Viene in mente l'immagine del diagramma Voronoi, dal nome del matematico ucraino Georgij Voronoi, con il quale viene rappresentato il PIL delle economie mondiali in data 2019, quindi in epoca pre-Covid-19. Secondo i dati della Banca mondiale, gli Stati Uniti detenevano quasi il 25% di questi 90 trilioni; il 16,34% la Cina; quasi il 6% il Giappone; il 4% la Germania; il 3,22% la Gran Bretagna; il 3,09% la Francia; quasi il 2% la Russia. L'Italia si attestava sul 2,28%.

[6] Jeffrey Sachs, *Pacesenzaconfini*, Madrid 2019, Comunità di Sant'Egidio.

Sachs proseguì, richiamando la nostra attenzione con un altro messaggio shock: «Eppure», disse, «un miliardo di persone vive ancora in povertà estrema. E pensare che con il trasferimento di appena l'1% del reddito dei Paesi ricchi ai Paesi poveri – circa 500 miliardi di dollari l'anno – possiamo mettere fine alla povertà estrema».

Gli shock non erano finiti qui. L'assemblea dei giovani era ammutolita: «L'aspettativa di vita globale è di 72 anni, eppure circa 5 milioni di bambini poveri moriranno quest'anno prima dei 5 anni, perché le loro famiglie e le comunità sono troppo povere per poterli tenere in vita. Se il mondo ricco facesse il trasferimento di un decimo dell'1% del loro reddito, le cure sanitarie potrebbero essere estese a questi bambini e gran parte di queste morti sarebbe evitata.

«Ogni bambino del pianeta ha diritto all'istruzione, dall'asilo alla scuola secondaria: eppure 260 milioni di bambini non vanno a scuola. E voi immaginate cosa vuol dire nel futuro in termini di ignoranza, di disuguaglianze, di povertà.

«Duemila miliardari insieme posseggono una ricchezza di 10 trilioni di dollari. Le 15 persone più ricche del pianeta posseggono la ricchezza netta di 1 trilione di dollari. Il reddito guadagnato su questa ricchezza da parte di queste 15 persone da sole, potrebbe finanziare l'istruzione di 260 milioni di bambini. È troppo chiedere a questi uomini di mettersi una mano sulla coscienza?

«Gli Stati Uniti impiegano oltre 700 miliardi di dollari l'anno (2 miliardi al giorno) in spese militari. Cioè, tre giorni di spese militari sono sufficienti ad azzerare quasi la malaria; cinque giorni di spese militari l'anno (pari a 10 miliardi) finanzierebbero completamente la lotta mondiale a AIDS, TBC e malaria.

«Al Pentagono, il costo totale delle spese militari, della sicurezza interna, del personale e di tutto l'indotto, supera i 3 trilioni di dollari l'anno: abbastanza per porre fine alla povertà, per salvaguardare la natura, per convertire i bisogni energetici e per proteggere il pianeta. Allora», concludeva Sachs, «vogliamo dire agli uomini straricchi: dovete agire! E vogliamo dire al Pentagono: prendetevi un periodo di riposo, così cureremo tutte queste malattie mortali!»[7].

Sachs voleva farci capire che la nostra ragione può porre fine alla guerra e può prevenirla in futuro, snocciolando una serie di episodi ormai consegnati alla storia: «Come quando gli Stati Uniti dichiararono una guerra ingiustificata contro l'Iraq, o inviarono la CIA in Siria per rovesciare il governo siriano; o quando gli USA, la Francia e la Gran Bretagna inviarono bombardieri NATO per far cadere il governo libico. Ci sono guerre oggi perché l'estrema povertà di luoghi come lo Yemen provoca disperazione e crea una miscela di conflitti in cui potenze più grandi gettano le loro armi e le loro bombe. Ci sono guerre oggi perché siccità e inondazioni, resi più frequenti e intensi dal cambiamento climatico causato dall'uomo, stanno causando perdita di raccolti, fame e migrazione di massa. In tempi passati l'umanità era preda di tiranni e despoti, principi e re che mandavano gli uomini in battaglia e donne e bambini alla spada. Eppure noi oggi sappiamo che la guerra non è il nostro destino, che pace e prosperità sono alla nostra portata»[8].

Io e gli altri presenti, in gran parte giovani, ci guardavamo in faccia, comprendendo che la guerra non sarebbe più

[7] Ivi.
[8] Ivi.

esistita solamente se avessimo capito che gli esseri umani sono tutti uguali, anche se diversi.

Fece colpo sulla platea di giovani, ma anche sui diplomatici e i governanti venuti ad ascoltare il professore, il suo richiamo a Platone e ad Aristotele che sostenevano il dono della ragione. Secondo Platone, nell'economia della *polis* perfetta, si deve ricercare infatti una via di mezzo tra l'eccesso di povertà e l'eccesso di ricchezza, non solo perché la divisone tra abbienti e indigenti spaccherebbe la *polis* in due città contrapposte minandone l'unità, ma anche perché la disparità di condizioni economiche tra i cittadini sarebbe foriera di instabilità politica e sociale. Il richiamo andò a Kant, che immaginava un'unione di repubbliche per garantire la pace perpetua; a Roosevelt, che lanciò le Nazioni Unite dopo la Seconda guerra mondiale; a John Kennedy e Nikita Kruscev che, firmando il Trattato per l'interdizione degli esperimenti nucleari al culmine della Guerra fredda, indicarono una strada di pace, e puntavano a prendere posizione contro l'irragionevolezza, l'ignoranza e la paura. «Prendiamo posizione contro l'arroganza dei grandi poteri e dei piccoli despoti. Ragioniamo insieme. Nel suo indirizzo presidenziale inaugurale del 20 gennaio 1961, J.F. Kennedy ha dichiarato: "Il mondo è oggi molto diverso. Poiché l'uomo ha nelle sue mani mortali il potere di porre fine a tutte le forme di povertà umana e a tutte le forme di vita umana". Questo era vero allora ed è ancora più vero oggi. Siamo abbastanza ricchi e dotati di conoscenze per porre fine a povertà e fame e per assicurare che ogni bambino sul pianeta abbia accesso a una istruzione di qualità»[9].

[9] Ivi.

Una stretta collaborazione sui temi soprattutto sociali e ambientali tiene legato Jeffrey Sachs alla Comunità di Sant'Egidio. Spesso presente ai suoi eventi mondiali, Sachs non si è lasciato sfuggire l'occasione del G20 svoltosi a Roma il 30 e 31 ottobre 2021, e, partecipando all'incontro internazionale "Popoli Fratelli Terra Futura", organizzato dalla Comunità il 6 e 7 ottobre 2021, ha rivolto un appello al presidente del Consiglio dei ministri italiano Mario Draghi: «Il prossimo G20 diventi G21. Occorre aggiungere l'Unione Africana per avere un'assemblea rappresentativa che riesca a prendere decisioni urgenti. Includendo l'Africa, che conta 1 miliardo e 400 milioni di persone, i Paesi del G21 arriverebbero all'88% del PIL mondiale: un consesso così sarebbe finalmente in grado di fare passi decisivi per il rispetto degli obiettivi di riduzione delle emissioni e per elaborare piani di vaccinazione universale contro il Covid-19. Questo cambierà in modo decisivo il confronto, perché – al momento – dal tavolo determinante per le discussioni sui temi planetari e sulle concessioni dei finanziamenti mancano 1 miliardo e 400 milioni di persone: e ci devono essere. Quindi la mia prima raccomandazione è che il G20 diventi presto il G21»[10].

Quello che chiede Sachs è dunque un cambiamento di ordine di grandezza dei finanziamenti per lo sviluppo. Non si può decidere di aiutare i Paesi svantaggiati senza avere questi Paesi come commensali, perché altrimenti non si vedrà mai il problema del povero con gli occhi del disagio.

«La pandemia di Covid-19 ha sconvolto l'economia, sia negli Stati Uniti sia a livello globale, più di ogni altro

[10] Jeffrey Sachs, *Popoli Fratelli Terra Futura*, Roma 2021, Comunità di Sant'Egidio.

shock dalla Seconda guerra mondiale. Le oscillazioni della domanda e dell'offerta, a causa dei blocchi e delle politiche governative, sono maggiori degli shock petroliferi degli anni '70 e della crisi finanziaria del 2008», ha detto Sachs in un suo saggio per CNN.com del 13 novembre 2021. La raccomandazione era quella di stabilire una direzione a lungo termine verso una società più equa e più produttiva, consentendo ai lavoratori poveri di ottenere assistenza sanitaria, congedi familiari, prezzi dei farmaci accessibili, assistenza all'infanzia e college comunitari a prezzi accessibili.

Spesso gli aiuti delle Superpotenze vengono amplificati in modo poco chiaro: sembrano cifre altissime e invece, se si guardano bene i conti dei Paesi "donatori", i finanziamenti non sono che una briciola rispetto a quello che potrebbero realmente fare.

Al pre-vertice FAO del 2021, intervenendo a Roma, Sachs affermava che «i Paesi ricchi hanno appena preso in prestito 17 trilioni di dollari per combattere il Covid-19. I Paesi poveri, NIENTE! Perché i Paesi ricchi possono contrarre prestiti allo 0% mentre i Paesi poveri pagano tassi tra il 5 e il 10%; oppure non hanno alcun accesso. Così il mondo ha esposto la sua grottesca disuguaglianza. I Paesi poveri non possono contrarre prestiti.

«In questo contesto di forte ansia economica, i Paesi in via di sviluppo vedono i Paesi ricchi rifiutarsi di discutere apertamente della crisi finanziaria che i Paesi meno fortunati devono affrontare quando si tratta di mitigazione e adattamento ai cambiamenti climatici o di altre esigenze urgenti. Vedono Paesi ricchi spendere circa 20 trilioni di dollari in più per le proprie economie in risposta a Covid-19, ma poi non onorare la loro promessa – risalente alla COP15 nel 2009 – di mobilitare 100 miseri miliardi di dollari l'anno per il clima nei Paesi in via di sviluppo»[11].

[11] Jeffrey Sachs, *Discorso pre-vertice FAO*, 26-28 luglio 2021.

PERCHÉ I POVERI DEVONO RIMANERE POVERI

Ma i Paesi poveri hanno davvero bisogno dell'aiuto dei Paesi ricchi? Jason Hickel, un antropologo economico la cui ricerca si concentra sulla disuguaglianza globale e l'ecologia politica, nel suo best seller dal titolo *The Divide*, sostiene che i Paesi così detti poveri «hanno solo bisogno che smettiamo di impoverirli». L'autore invita a riflettere guardando non solo la storia, ma anche i dati economici attuali, per rendersi conto che il colonialismo non è finito. E che i Paesi ricchi, di fatto, sfruttano i Paesi in miseria, perpetuando le diseguaglianze. «Ecco perché», sostiene Hickel, «ci fa comodo che i Paesi poveri restino tali»[1].

Cerco di capire meglio il concetto con il professor Maurizio Ferrera, ordinario di Scienza Politica all'Università degli Studi di Milano. Nel corso delle sue ricerche, Ferrera si è principalmente occupato di politica comparata e di analisi delle politiche pubbliche, con particolare riferimento alle problematiche dello stato sociale e dell'integrazione europea. L'esperienza maturata nelle sue numerose partecipazioni a Commissioni di indagine e Gruppi di lavoro del

[1] Jason Hickel, *The Divide*, Il Saggiatore, Milano 2018.

governo italiano, dell'Unione europea, dell'OCSE e dell'ILO, lo ha portato a una convinzione: «Purtroppo», sostiene, «il problema della povertà del mondo è complesso e richiede risposte complesse. Vi è sicuramente un problema di *governance* e di capacità delle classi politiche del Sud del mondo a tutti i livelli – nazionali, regionali, locali – nel far funzionare le macchine pubbliche, sviluppare visioni e piani di sviluppo a lungo termine e metterli in opera. Occorrono aiuti per far funzionare gli apparati statali in questi Paesi che non hanno ancora una capacità di raccolta fiscale sufficiente e autonoma: dalla scuola, alla sicurezza, all'educazione, alla protezione sociale, alle infrastrutture. Ma c'è anche – e soprattutto – un problema di sviluppo del settore privato in Paesi dove la rivoluzione industriale non è mai arrivata. E senza sviluppo industriale e creazione del lavoro, non si va da nessuna parte. I Paesi del Sud sono ancora a forte vocazione agricola, soprattutto quelli africani. Questa vocazione è oggi gravemente esposta ai cambiamenti climatici e ai così detti fenomeni estremi come la siccità e le inondazioni».

Per il professor Ferrera occorre inoltre incentivare l'impresa locale per facilitare l'accesso al credito per imprenditori di start-up, per giovani che hanno idee e voglia di investire. «Ma in Africa e nel Sud del mondo tutto ciò è difficile. Le banche non danno credito perché i rischi sono elevati e anche in questo caso servirebbe un fondo di garanzia globale per aiutare l'emergenza di un settore privato innovatore e capace di creare sviluppo».

Eppure, il divario economico tra ricchi e poveri del mondo è divenuto ormai inaccettabile: 4 miliardi e 300 milioni di persone vivono con meno di 5 dollari al giorno, mentre gli otto uomini più ricchi del pianeta possiedono lo stesso patrimonio della metà più indigente della popolazione globale. Una diseguaglianza intollerabile.

Malgrado ciò il professor Ferrera sostiene che «...negli ultimi 30 anni, la globalizzazione e l'integrazione delle catene di valore mondiale hanno in parte cambiato questo paradigma, con milioni di persone – soprattutto in Asia e in America latina – che sono uscite dalla povertà estrema. Allo stesso tempo, geopolitica, competizioni tra Stati, sostegno non proprio etico allo sviluppo dei Paesi ricchi (basti pensare alla Cina e alle sue relazioni commerciali con l'Africa) tendono a riprodurre relazioni non eque tra Stati del Nord e quelli del Sud del mondo, spesso incapaci di negoziare condizioni a proprio favore sullo sfruttamento delle materie prime, sui cambiamenti climatici, sugli investimenti privati, sull'accesso alle fonti energetiche. Ci sono certamente *trade-off*[2] tra i Paesi ricchi e quelli poveri, vincitori e perdenti nelle catene globali di valore, nelle relazioni di scambio, nelle negoziazioni commerciali. Lo sviluppo dei perdenti richiederebbe cessioni di distribuzione della ricchezza prodotta (per esempio favorendo la trasformazione in loco dei processi primari di produzione) che le classi politiche dei Paesi sviluppati e le loro opinioni pubbliche non accetterebbero facilmente in questo contesto storico di nazionalismi in crescita».

Alla fine del 2016, la *Global Financial Integrity*[3], una Organizzazione non governativa americana, e il Centro di

[2] *Trade-off*, situazione che implica la perdita (o il guadagno) di qualcosa per ottenere in cambio qualcos'altro; un *trade-off* è una situazione che implica una scelta tra due o più possibilità, in cui la diminuzione di una quantità costituisce un aumento in un'altra quantità. I *trade-off* sono molto frequenti nei processi decisionali in ingegneria e in economia.

[3] La *Global Financial Integrity* (GFI) è un *think tank* con sede a Washington, DC, focalizzato su flussi finanziari illeciti, corruzione, commercio illecito e riciclaggio di denaro.

ricerca applicata della *Norwegian School of Economics* hanno pubblicato alcuni dati sconcertanti. Hanno calcolato tutte le risorse finanziarie trasferite ogni anno fra Paesi ricchi e Paesi poveri: non solo aiuti, investimenti esteri e flussi commerciali, come avevano fatto studi precedenti, ma anche altri tipi di trasferimenti, come le remissioni del debito, le rimesse degli emigranti e le fughe di capitali. È la valutazione di trasferimenti di risorse più completa e approfondita che sia stata fatta finora. Il risultato è che nel 2012 – l'ultimo anno per cui erano disponibili dati – i Paesi in via di sviluppo hanno ricevuto poco più di 2mila miliardi di dollari, compresi tutti gli aiuti come gli investimenti e i redditi dall'estero. Nello stesso anno, però, più del doppio di quella cifra – quasi 5mila miliardi di dollari – ha seguito il percorso inverso. Cioè, i Paesi in via di sviluppo hanno *inviato* al resto del mondo 3mila miliardi di dollari in più rispetto a quelli che hanno ricevuto. 3mila miliardi di dollari di deflussi netti totali annui sono una somma 24 volte superiore agli stanziamenti annuali per gli aiuti. In pratica, per ogni dollaro di aiuti che hanno ricevuto, i Paesi in via di sviluppo ne hanno perso ventiquattro in deflussi netti. Anche per Maurizio Ferrera è una condizione inaccettabile[4].

«Indubbiamente non è eticamente ammissibile! Certo ai problemi già conosciuti se ne possono aggiungere altri quali il ritardo nello sviluppo industriale di queste econo-

(Il *Think tank* è un gruppo di esperti impegnato nell'analisi e nella soluzione di problemi complessi, specie in campo economico, politico o militare). Attraverso analisi di alto livello, il GFI mira ad affrontare i danni causati da fatturazione errata commerciale, criminalità transnazionale, evasione fiscale e cleptocrazia. Collaborando con i partner per aumentare la trasparenza nel sistema finanziario globale e promuovere l'integrità commerciale, GFI cerca di creare un mondo più sicuro ed equo.

[4] https://gfintegrity.org/data-by-country/2018 (controllato il 18 luglio 2022).

mie, l'ingerenza e lo sfruttamento di economie egemoni su scala globale rispetto a quelle dei Paesi in via di sviluppo. Molte materie prime utilizzate nel mondo occidentale provengono per esempio da questi Paesi: il cobalto per costruire computer; il cacao per produrre il cioccolato, il caffè. Ebbene queste materie prime sono esportate grezze, non sono lavorate *in loco*, non consentono creazione di valore aggiunto locale, valore che viene invece prodotto nelle economie occidentali. Il Nord del mondo, con le sue opinioni pubbliche, è pronto a concedere che ciò accada? A concedere e favorire che il cioccolato sia prodotto e trasformato in Africa e non in Belgio o in Francia o in Italia? Che i computer e i telefonini siano prodotti in parte in Africa e non negli Usa o in India? Sono disposti questi Paesi e queste opinioni pubbliche, a concedere che parte del lavoro nel Nord sia perso a favore di creazione di lavoro nel Sud? L'*e-commerce*, la rivoluzione digitale in agricoltura ma anche nell'industria, potrebbero aiutare enormemente questi Paesi ad aumentare in competitività, anche a creare posti di lavoro nuovi senza necessariamente sottrarli al Nord. Si stima che il 30/40% delle terre coltivabili mal utilizzate siano nel Sud del mondo. Gli investimenti tesi a rendere queste terre coltivabili in maniera sostenibile, con lo sviluppo di agricoltura di precisione, potrebbero contribuire a creare posti di lavoro dignitosi e a sconfiggere fame e povertà».

Ma questa *strana* beneficenza rischia di nascondere le vere questioni in gioco. Fa sembrare cioè che l'Occidente stia *sviluppando* il Sud del mondo quando in realtà sta avvenendo esattamente il contrario. Non sono i Paesi ricchi a sviluppare i Paesi poveri, ma i Paesi poveri – di fatto – a sviluppare quelli ricchi; e lo stanno facendo dalla fine del 1400. In pratica i Paesi poveri non hanno bisogno del nostro aiuto: hanno solo bisogno che smettiamo di impoverirli, come sostiene Hickel.

«I Paesi poveri insomma, hanno bisogno sì di aiuti ma anche di investimenti e ancor più di integrazioni nei sistemi produttivi, nelle catene di valore globali, soprattutto privati. Invece, purtroppo, i secondi sono spesso mancati e ci si è limitati alla beneficenza per coprire la coscienza di un occidente che in buona parte difende i suoi privilegi e il suo benessere. Manca anche, nelle opinioni pubbliche occidentali, una coscienza globale, un sentire i problemi del mondo come nostri e non difenderci nelle nostre frontiere come se questo bastasse a proteggerci».

Per decenni economisti, politici, agenzie per lo sviluppo hanno raccontato che l'origine del problema sarebbe *tecnica*, legata a difficoltà interne dei Paesi più poveri, e che tutto potrebbe essere risolto se questi adottassero piani di intervento adeguati. Che, anzi, con l'aiuto dell'Occidente, la povertà sarà sconfitta nel 2030.

Maurizio Ferrera si richiama al modello capitalistico attuale che premia talento e capacità individuali di fare impresa ma non redistribuisce il plusvalore in maniera equa: «Elon Musk, il fondatore di *Tesla*, o Jeff Bezos di *Amazon*», dice il professore, «sono uomini talentuosi che hanno saputo creare e sviluppare impresa in maniera eccezionale, ma che hanno goduto anche di sacche di benefici fiscali che li hanno portati ad accumulare ricchezze estreme. Oggi i primi 200 multimiliardari della terra hanno risorse pari ai Prodotti interni lordi di vari Paesi del Sud mondo messi assieme. Alcuni super-ricchi hanno vocazioni filantropiche e hanno creato fondazioni proprie come Bill Gates, per ridistribuire parte della loro ricchezza; altri non hanno questa vocazione. La soluzione sarebbe una maggiore tassazione, il cui gettito potrebbe essere in parte dedicato agli aiuti allo sviluppo, per esempio per alimentare un fondo di garanzia per gli investimenti privati in Africa, in particolare a favore di giovani e donne. L'opinione pubblica del Nord è pero stranamene silenziosa di fronte alla concentrazione estrema di ricchezze nelle mani di poche persone e alle ipotesi di maggiore tassazione».

L'economista Jeffrey Sachs sostiene che non è colpa di nessuno se i Paesi poveri continuano a essere poveri. La colpa è di casualità naturali legate alla geografia e al clima, che si possono facilmente risolvere. Se i Paesi ricchi aumentassero i loro aiuti ai Paesi in via di sviluppo portandoli allo 0,7% del Pil, saremmo in grado di sradicare la povertà nel mondo in soli vent'anni. Se i Paesi poveri avranno soldi a sufficienza per pagare le tecnologie agricole essenziali, un'assistenza sanitaria di base, acqua potabile, istruzione primaria ed elettricità, riusciranno a salire la scala dello sviluppo.

Ferrera è d'accordo con questa tesi. «Gli aiuti allo sviluppo sono indispensabili», dice. «Se si arrivasse tutti a mettere lo 0,7 del Pil già avremmo una cifra importante. I Paesi del Sud hanno accesso limitato ai prestiti: solo FMI e Banca Mondiale li concedono, ma non basta. Bisogna far sì che questi aiuti – necessari – siano sempre più trasparenti e condizionati all'ottenimento di risultati da parte dei Paesi che ricevono aiuto. Si sta andando su questa strada. Ma la vera priorità è aumentare gli investimenti privati, locali e internazionali per creare lavoro e valore in queste società. La creazione di lavoro non verrà mai dal pubblico ma solo dal settore privato e c'è un ritardo enorme nel far emergere classi imprenditoriali locali».

Propongo al professore l'antico dilemma: se qualcuno ha fame è meglio dargli un pesce o insegnargli a pescare?

Una domanda che può sembrare retorica. Naturalmente, è meglio fare tutte e due le cose: dapprima dargli da mangiare per risolvere il problema immediato della fame, ma poi insegnargli a pescare. Perché se ci si limita a dargli pesci e basta, rimarrà sempre povero. Perché, allora, ci sono ancora miliardi di poveri nel mondo? Forse perché nessuno si è curato di "insegnargli a pescare".

Ferrera sorride e sostiene che purtroppo la fame immediata necessita di risposte immediate. «Quando la casa brucia», dice, «si chiamano i pompieri non gli architetti, e lo stesso si applica per le situazioni di indigenza acuta. Bisogna salvare vite umane. Il problema dell'insegnare a pescare è complesso. Per combattere la fame non serve solo produrre più cibo, ma anche consentire a tutti di averne accesso. Pensiamo alle masse di poveri nelle megalopoli e nelle baraccopoli del terzo mondo: per loro il problema è poterselo comprare il cibo, permettersi una dieta equilibrata che contribuisca allo sviluppo dell'organismo dall'infanzia all'età adulta. E questo si risolve solo con la creazione di lavoro e di reddito sostenibile e strutturale (e ovviamente con programmi di assistenza per quelli che per varie ragioni sono esclusi dall'accesso lavoro), con investimenti nell'educazione che permette ai giovani dei Paesi poveri di sviluppare competenze per avere accesso al mondo del lavoro».

E poi ci sono gli effetti della pandemia da Coronavirus che potrebbero addirittura sentirsi per i prossimi dieci anni e spingere altri 207 milioni di persone nel mondo in condizioni di estrema povertà. Secondo un recente studio del Programma delle Nazioni Unite per lo sviluppo (UNDP) il virus porterà il numero totale di persone estremamente povere a più di un miliardo entro il 2030. Ecco perché sarebbe più semplice donare o liberalizzare i vaccini. O forse a una certa parte del mondo conviene lasciare le cose come stanno?

«Liberalizzare i vaccini e consentirne una produzione locale», dice Ferrera, «è sicuramente la migliore strategia. Se guardiamo ai vaccini per l'AIDS, la svolta ci fu con la liberalizzazione dei brevetti che permise a un africano di accedere alle cure che prima non si poteva permettere. La liberalizzazione non è però l'unico problema. Bisogna che questi Paesi siano aiutati con la logistica per la distribuzione e la vaccinazione (a partire dalla catena del freddo), ma anche con campagne di sensibilizzazione in popolazioni scarsamente informate sugli effetti della pandemia».

La povertà dunque non è un male necessario. Ma la risposta a questa semplice domanda non sempre è facile. Nemmeno dal punto di vista economico, la povertà è un male necessario, tanto è vero che ci sono Paesi – per esempio le democrazie scandinave – che la hanno quasi sradicata. Eppure i poveri ci sono sempre, e sono tanti, e questa crisi ne ha creato di nuovi.

Ma per il professor Ferrera «...molte di queste situazioni quali i conflitti, i cambiamenti climatici, le pandemie, sono certamente cause di povertà, ma sono anche state create dall'uomo, e quindi teoricamente risolvibili. Poi ci sono i fattori economici di competizione per la ricchezza fra Stati, che fan sì che chi ha vuole mantenere e proteggere, e chi non ha fa fatica a progredire; poi ci sono i fattori di diseguaglianza estrema tra individui, come i famosi 200 *multi global* miliardari; e infine un'altra sfida: quella della crescita demografica globale incontrollata, che aumenta il problema della divisione delle scarse risorse fra l'intera popolazione mondiale».

I NUOVI SCHIAVI

Un uomo si rivolge a un gruppo di persone e con voce grossa e profonda urla: «Ragazzi grandi e forti per i lavori nelle campagne». E tocca i loro muscoli come per saggiarne la massa, il volume, la forza. Sembrano le immagini di un film: *Ben Hur*, *Il Gladiatore*, *Amistad* di Steven Spielberg, *Beloved* di Jonathan Demme, o *Django Unchained* di Quentin Tarantino, o la miniserie *Radici*, o chissà cos'altro ancora. Ma non è così. Il mercato continua. La base d'asta è di 400 dinari. Ma si può arrivare sino a 1200, 1500 per i più giovani e forti: poco meno di 284 euro, o di 330 dollari.

È il prezzo per acquistare un uomo al mercato degli schiavi in Libia. Arrivano dopo settimane di deserto. Quando non è più possibile proseguire per l'Europa, vengono ammassati in un centro di detenzione, in Libia come in altre nazioni di confine in attesa di essere rimandati a casa. Ma non sanno che, invece, diventeranno presto braccia da sfruttare, carne da vendere al migliore offerente. «Sono stato venduto per 800 dinari», dice Nassir: «Se guardi i nostri corpi, o quelli delle persone che sono qui vedi i segni della violenza del nuovo schiavismo: c'è chi è stato picchiato con cavi elettrici, chi è stato stuprato con oggetti taglienti. Ed è andata bene! Perché qui c'è gente che ha perso la vita.

Sono tanti i compagni che muoiono ogni giorno. E nessuno saprà mai niente. Non possiamo telefonare, inviare messaggi. Le nostre famiglie non sapranno mai se siamo morti o se siamo spariti. E invece magari siamo ancora vivi: stiamo soffrendo, crescendo in qualche parte del mondo, ma siamo vivi. E quando riusciamo a liberarci, allora torniamo per ricominciare da zero. È molto doloroso perché abbiamo già perso tutto. Questo succede quando i Paesi ricchi chiudono le loro frontiere. Certo loro diminuiscono gli arrivi e qui diminuiscono le partenze. Ma per noi vuol dire restare imprigionati, ammassati in queste prigioni senza umanità, dove la tua dignità scompare, calpestata dai mercati di anime. Siamo denutriti e traumatizzati. Donne e bambini schiacciati gli uni sugli altri in capannoni senza i servizi essenziali, dove nessuno può entrare e nessuno può uscire. Spesso la notte le guardie entrano nei cameroni e scelgono: donne o bambini non fa differenza. Li portano via nelle loro abitazioni. Sui volti dei carnefici, la soddisfazione di poter decidere della loro vita, il desiderio bestiale di chi appagherà le sue voglie a base di sesso, alcool e droghe. Sui volti delle vittime innocenti la rassegnazione di chi non ha forza per opporsi. Ecco, questa è la schiavitù moderna: gli stupri, le violenze, la fame ci tolgono la speranza e la dignità».

In prima fila a denunciare il vergognoso mercato degli schiavi, la Comunità di Sant'Egidio. Marco Impagliazzo, il suo presidente, lo accusa senza mezzi termini: «Oggi si contano 27 milioni di schiavi che danno profitti intorno ai 21 miliardi. All'inizio del novembre 2017, a pochi giorni dal vertice Unione Europea e Unione Africana di Abidjan in Costa d'Avorio, la CNN ha mandato in onda il video di un mercato degli schiavi presumibilmente avvenuto poche settimane prima a sud della Libia. Si vedono compratori arabi che discutono sul prezzo di poveri neri fatti sfilare ed esaminati come merce. I migranti sono schierati in fila, tutti uomini giovani, neri, alti e forti. Uno alla volta vengono avanti mentre una voce fuori campo declama le loro qualità. Da una piccola folla schierata di fronte si alzano le mani: "Offro 500, offro 550, 600, 650 dinari!". L'ultimo orrore dalla Libia arriva da un filmato. L'asta documentata con telecamere nascoste è avvenuta in una proprietà privata nella cintura di Tripoli. Ed è subito shock. Le immagini della CNN risvegliano qualcosa di più profondo, di impossibile da rimuovere: il contrassegno della schiavitù e della tratta, quando le masse nere erano solo merce sia per arabi che per europei[1].

«In Occidente abbiamo la tendenza a pensare che la tratta negriera sia una parentesi storica, opera di alcuni Paesi arabi ed europei, senza permanenti conseguenze socio-politiche, una sorta di intervallo orrido e speciale all'interno del più vasto e antico fenomeno servile e schiavista. L'umore che serpeggia all'interno della collettività afro-americana degli Stati Uniti non è lontano da ognuno di questi sviluppi. Se ancora durante le manifestazioni di piazza in America si portano cartelli con scritto *black lives matter* (le vite dei neri contano), significa che il tema è fortemente sentito non solo in filigrana».

«*Nessun individuo potrà essere tenuto in stato di schiavitù o di servitù; la schiavitù e la tratta degli schiavi saranno proibite sotto qualsiasi forma*». Lo dice la Dichiarazione universa-

[1] La CNN, nel novembre 2017, ha mandato in onda un filmato che racconta l'esistenza di mercati degli schiavi in Libia. I quattro giornalisti titolari dell'inchiesta hanno scritto di avere ricevuto un video girato con un cellulare che mostrava la vendita di un uomo all'asta per 400 dollari. In seguito, i giornalisti sono andati in Libia per indagare, assistendo alla vendita di una decina di persone in un edificio fuori da Tripoli, e hanno raccolto diverse testimonianze riguardanti uomini che erano stati venduti e poi erano finiti nei centri di detenzione distribuiti nelle zone costiere del Paese.

le dei diritti umani, il documento sui diritti della persona adottato dall'Assemblea generale delle Nazioni Unite nella sua terza sessione, il 10 dicembre 1948 a Parigi con la risoluzione 219077A.

«Eppure», accusa Impagliazzo, «la schiavitù è ben lontana dall'essere debellata. Ha solo cambiato pelle. Esiste ancora oggi in molte forme diverse: traffico di esseri umani, sfruttamento del lavoro per debiti, sfruttamento dei bambini, sfruttamento sessuale e lavori domestici forzati, solo per citarne alcune. Una più disumana dell'altra».

Secondo "50forfreedom" (la campagna guidata dall'Organizzazione Internazionale del Lavoro e dai suoi partner, dalla Confederazione internazionale dei sindacati e dall'Organizzazione internazionale dei datori di lavoro) ci sono più persone in stato di schiavitù oggi che in qualsiasi altro momento della storia. Nel 2017, le persone vittime della schiavitù moderna, in tutto il mondo, erano più di 40 milioni. Di questi, 25 milioni erano costretti al lavoro forzato e 15 milioni a matrimoni forzati.

La schiavitù moderna riguarda tutti i Paesi del mondo. I dati sono agghiaccianti: 7,6‰ in Africa; 6,1‰ in Asia Meridionale e Asia Pacifica; 3,9‰ in Europa, Medio Oriente e Russia; 3,3‰ negli Stati della penisola araba; 1,9‰ in America settentrionale, centrale e meridionale.

La maggior parte dei moderni schiavi lavora in settori come agricoltura, pesca, artigianato, estrazione mineraria, servizi e lavori domestici: sono circa 16 milioni di persone. Poco di meno sono le vittime dei matrimoni precoci: 15 milioni e 400mila, quasi tutte giovani donne, ragazze se non addirittura bambine. Le vittime dello sfruttamento sessuale sono 4 milioni e 800mila. Senza dimenticare i tanti, troppi bambini soldato.

La schiavitù moderna è un enorme business. Secondo uno studio dell'Organizzazione Internazionale del Lavoro, la schiavitù moderna genera profitti annuali per oltre 150 miliardi di dollari americani. Quanto i profitti combinati delle quattro aziende più redditizie del mondo.

I profitti derivanti dalla schiavitù moderna sono molto più alti nei Paesi industrializzati che in ogni altra parte del mondo: 51 miliardi e 800 milioni di dollari americani all'anno in Asia e nei Paesi del Pacifico, e quasi 47 miliardi di dollari americani all'anno nei cosiddetti Paesi industrializzati[2].

Questa moderna schiavitù non riguarda solo coloro che ne sono direttamente coinvolti ma ha conseguenze per tutti. Lo sfruttamento del lavoro porta infatti all'abbassamento dei salari, alla riduzione del gettito fiscale, all'impiego di risorse economiche per sostenere le ingenti spese legali per perseguire le moderne forme di schiavitù.

Una di queste è il lavoro minorile. Secondo i dati dell'Organizzazione Internazionale del Lavoro, i bambini e i giovani soggiogati sono 152 milioni. Circa la metà di loro è impegnata in lavori pericolosi, che mettono seriamente a repentaglio la loro salute.

E poi ci sono i bambini che vivono nelle zone di guerra. Secondo i dati dell'UNICEF, 250mila bambini sono attivamente coinvolti nei conflitti che tormentano 42 Paesi in tutto il mondo. Questi bambini operano come soldati, facchini, spie, messaggeri.

[2] Lo studio intrapreso dall'Organizzazione Internazionale del Lavoro (ILO) e dalla Fondazione Walk Free, in collaborazione con l'Organizzazione Internazionale per le Migrazioni (IOM), rivela l'entità delle forme di schiavitù moderna nel mondo; ILO (International Labour Organization), New York, settembre 2017.

Le storie sono tante e tutte incredibili. "50forfreedom" ne ha raccolte tante. C'è quella del pescatore che ha dovuto accettare il ricatto del suo aguzzino.

Nello Sri Lanka della guerra civile che in 26 anni ha mietuto migliaia di vittime, un pescatore aveva tanta voglia di lavorare ma pochi soldi da investire. Così si è fatto prestare 100mila rupie (poco più di 650 dollari) per comprare una rete da pesca. Peccato che l'interesse fosse del 300%. Presto è caduto nella trappola dell'usura. Così ha iniziato a vendere al suo aguzzino tutto il pescato a un prezzo irrisorio fissato dall'usuraio. Gli rimaneva qualche rupia per provvedere alle necessità della sua famiglia, una moglie e cinque figli. A liberarlo dalle catene è intervenuta l'ILO, l'Organizzazione Internazionale del Lavoro, ovvero l'agenzia delle Nazioni Unite che si occupa di promuovere la giustizia sociale e i diritti umani internazionalmente riconosciuti, con particolare riferimento a quelli riguardanti il lavoro in tutti i suoi aspetti. Attraverso il progetto Local Empowerment through Economic Development (LEED) ha fornito finanziamenti e altri sostegni alle cooperative di pesca, che ora aiutano i pescatori a rimborsare i prestiti, ad aprire conti bancari e a gestire le finanze familiari. Le cooperative acquistano e commercializzano anche il pescato dei soci. Con l'eliminazione dell'intermediario, i pescatori ora ottengono quasi il doppio di quanto guadagnavano in passato per il loro pescato. Ogni pescatore deve depositare una parte del reddito in un conto di risparmio bancario, mentre parte del denaro viene reinvestito per finanziare le attività della comunità[3].

[3] "50forfreedom", storie. Per la campagna "50 for Freedom" , cfr. p. 72.

Poi ci sono le storie delle migliaia di colf migranti che si sono ritrovate ai lavori forzati dopo aver accettato un lavoro all'estero. C'è chi ha lasciato la propria terra, il proprio lavoro in fabbrica o nei campi, la propria famiglia nel tentativo di aiutare i figli e dare loro la possibilità di un futuro migliore. Il lavoro nella "terra promessa" prometteva 40 dollari in più al mese. Un grosso aiuto per le famiglie lasciate in patria: ma erano tutte bugie. Chi lavorava come domestica o badante presso una famiglia benestante si aspettava un trattamento umano: «Ho lavorato così per dieci mesi», dice una vittima, «giorno e notte, senza sosta e senza un solo giorno di riposo».

Il suo racconto reso a "50forfreedom" e all'ILO ha dell'incredibile: «Potevo mangiare due volte al giorno, solo per due minuti alle 14.00 e alle 22.00. La mia padrona rimaneva lì per cronometrarmi il tempo. Mi è stato dato solo un pezzo di pane. Se non lo avessi finito allo scadere dei due minuti, la signora me lo avrebbe strappato dalle mani e l'avrebbe buttato nel cestino. Non mi ha mai dato acqua, così mi nascondevo e bevevo acqua dai rubinetti del bagno.

L'ILO, Organizzazione Internazionale del Lavoro (International Labour Organization) è l'Agenzia specializzata delle Nazioni Unite sui temi del lavoro e della politica sociale. Fondata nel 1919 come parte del Trattato di Versailles che pose fine alla Prima guerra mondiale, adotta norme internazionali del lavoro, promuove i principi fondamentali e i diritti sul lavoro, opportunità di lavoro dignitose, il rafforzamento della protezione sociale e il dialogo sociale sulle questioni inerenti al lavoro.

L'ILO è l'unica fra tutte le organizzazioni del sistema multilaterale ad avere una struttura tripartita dove i rappresentanti dei governi, delle organizzazioni dei datori di lavoro e dei sindacati di 187 Paesi membri hanno la stessa voce e lavorano insieme per adottare norme internazionali del lavoro e formulare politiche e programmi internazionali che hanno un impatto sul mondo del lavoro e della politica sociale.

L'ILO si dedica alla promozione della giustizia sociale e dei diritti umani e del lavoro riconosciuti a livello internazionale, perseguendo la sua missione fondante che vede la giustizia sociale come essenziale per una pace universale e duratura.

Oggi, l'agenda del lavoro dignitoso dell'ILO aiuta a far progredire le condizioni economiche e lavorative che danno a tutti i lavoratori, i datori di lavoro e i governi un interesse per una pace duratura, prosperità e progresso.

«Una volta mi ha rinchiuso in una stanza per tre giorni senza cibo e acqua. Ero così disperata che ho bevuto la mia stessa urina. Ogni giorno la signora mi picchiava senza motivo con una scarpa, un bastone o una cintura. Volevo andarmene ma venivo sempre controllata. Mi chiudevano in casa e non mi davano la paga. Un giorno ho chiesto di andarmene ma la signora mi ha detto che avevano speso un sacco di soldi per farmi arrivare fin lì. Così per pagare il mio debito sono dovuta rimanere senza stipendio per 15 mesi»[4].

Ma il suo calvario la porta anche in ospedale. Infine i padroni decidono di liberarsene e la conducono in aeroporto consegnandola agli agenti della sicurezza con un biglietto, una valigia e due mensilità di stipendio, invece delle dieci che le spettavano. L'incubo era finito ma lei non poteva viaggiare: pesava appena trentadue chili e il suo fisico era completamente disidratato e debilitato. In suo aiuto è intervenuta la Caritas Internationalis che l'ha aiutata a riprendersi la vita.

E c'è la storia di un gruppo di giovani dell'Est europeo, emigrati nel Regno Unito a bordo di un furgone. Dopo due giorni di viaggio vengono accolti da un uomo che li porta in una casa sulla costa. Un luogo molto angusto già abitato da tanti altri uomini. «Ci avevano promesso lavoro per tutti e ci hanno detto che avremmo dovuto aprire un conto in banca in modo da poterci versare il mio stipendio».

Ma il lavoro non arrivava mai. «Intanto nessuno ci dava da mangiare e i debiti continuavano ad accumularsi. Dopo qualche settimana è arrivata la chiamata per un lavoro in

[4] Ivi.

una fabbrica per la preparazione dei polli da inviare ai supermercati. Lavoro duro ma almeno si lavorava e si guadagnava: non certo come si sarebbe dovuto, ma si guadagnava». I soldi però andavano versati in un conto in banca aperto dai mediatori. La cosa non prometteva bene. Difatti il mediatore inviava degli esattori e si faceva consegnare l'intera paga. Se si fossero rifiutati li avrebbero picchiati e derubati comunque. «Ho dato loro tutto il mio stipendio settimanale, circa 260 sterline. Ne hanno preso 220 e mi hanno lasciato 40 sterline "per vivere", hanno detto».

I nuovi schiavi dovevano ancora pagare mille sterline per il viaggio dall'Est e 60 a settimana per l'alloggio: il "pollaio", come lo chiamavano loro. Erano in trappola. In poche settimane avevano perso già tutto quello che avevano guadagnato. «Stavo lavorando per niente. Questa non era la vita di cui mi avevano parlato»[5].

Ma il giorno della ribellione prima o poi arriva. I nuovi schiavi decidono di scappare. Ma commettono uno sbaglio: gli aguzzini lo vengono a sapere e arrivano al pollaio. Entrano con la forza, li minacciano, mettono a soqquadro la casa e portano via tutto: i vestiti e quel poco di denaro che erano riusciti a nascondere. Ma scoprono anche alcune carte di credito che gli schiavi avevano avuto il coraggio di aprire. Gli aguzzini si infuriano e li riempiono botte. «*Vi abbiamo portato qui non per farvi guadagnare, ma per arricchirci noi*», urlano. «Se la cosa si fosse ripetuta avrebbero punito non noi ma la nostra famiglia».

Ecco: condotti nel Regno Unito per essere sfruttati, costretti a lavorare senza alcun controllo sulla loro vita. Questo è il nuovo traffico di esseri umani!

[5] Ivi.

LA GRATUITÀ COME SEGNO DI UMANITÀ

«Viviamo una distribuzione della ricchezza sbilanciata a favore di porzioni piccolissime di cittadini». Marco Impagliazzo, presidente della Comunità di Sant'Egidio, non ci sta e grida la sua indignazione.

Impagliazzo, professore ordinario di Storia contemporanea all'Università Roma Tre presso il Dipartimento di Scienze della Formazione, già docente all'Università per Stranieri di Perugia, è specializzato sui temi dell'area mediterranea, con particolare riferimento ai Paesi non europei e alle tematiche della coabitazione tra nazionalità, culture e religioni diverse. Si è occupato della storia della Chiesa nel mondo contemporaneo e delle tematiche storiche legate alla presenza delle minoranze etniche e religiose in Italia. Ha studiato la memoria delle leggi razziali a Roma, è attualmente impegnato in un'ampia ricerca sui fenomeni migratori in epoca contemporanea. Membro della World History Academy e del Dicastero vaticano per i Laici, la Famiglia e la Vita. Ma è la presidenza della Comunità di Sant'Egidio che gli offre un osservatorio privilegiato sui temi e sulle sofferenze del pianeta.

Nata in Italia nel 1968 per iniziativa di Andrea Riccardi, Sant'Egidio è oggi diffusa in più di 70 Paesi in diversi continenti. Riconosciuta nel 1986 come associazione internazionale di fedeli dal Pontificio Consiglio per i laici, ha dato vita nei diversi Paesi a numerose opere di sostegno ai poveri, come mense, scuole di lingua per gli immigrati, centri in cui si distribuiscono aiuti, scuole pomeridiane per bambini, centri per anziani e persone con disabilità e disagio psichico, ambulatori medici. Svolge inoltre servizi in campi nomadi, gestisce laboratori di arte sperimentale per persone con disabilità, case famiglia per bambini e adolescenti, case alloggio per malati cronici e per senza fissa dimora; case per anziani non autosufficienti, case protette per anziani parzialmente autosufficienti; persino un ospedale per malati di AIDS e uno per pazienti affetti da tubercolosi. Suoi sono i progetti più moderni di aiuto al prossimo: dal Paese dell'Arcobaleno (movimento per bambini e ragazzi), alle Scuole del Vangelo (per adulti e famiglie); da Viva gli Anziani (per la terza età), a Gli Amici (per disabili e malati), a Genti di pace (per i migranti). Alla Comunità sono anche collegate alcune organizzazioni non governative, che promuovono iniziative di cooperazione allo sviluppo e di solidarietà, in diversi Paesi africani e latinoamericani, ma anche nella vicina Albania.

Con Marco Impagliazzo passeggiamo nel giardino accanto alla chiesa di Sant'Egidio, nel cuore del rione di Trastevere a Roma, a pochi passi dalla basilica di Santa Maria in Trastevere, dove ogni sera la giornata si conclude con la preghiera comunitaria. Tra gli ulivi e i roseti, in questa atmosfera di colori e di fermento culturale e sociale, commentiamo i dati sulla povertà divenuti ormai agghiaccianti e denunciati già nel corso del Forum economico mondiale di Davos del 2017 dalla Banca Mondiale, dal WFP, dalla FAO, dall'UNICEF, dalla stessa Comunità di Sant'Egidio, dall'OXFAM, (la confederazione internazionale specializzata in aiuto umanitario e in progetti di sviluppo, composta da 18 organizzazioni di Paesi diversi). Il grido d'allarme era stato forte a Davos: un abitante della Terra su 10 vive con meno di 2 dollari al giorno, esattamente 1 dollaro e 90 centesimi. Da Davos era partito il grido di ribellione per risvegliare la coscienza mondiale: la distribuzione della ricchezza è sbilanciata a favore di porzioni piccolissime di cittadini[1]. E il presidente di una Comunità come quella di Sant'Egidio, che invece vuole mettere al centro l'uguaglianza e la solidarietà, si pone la prima domanda: perché così pochi ricchi e così troppi poveri in questa società?

Impagliazzo ha le idee chiare: «Per definire la diseguaglianza del nostro mondo bastano pochi dati: il 10% della popolazione mondiale possiede l'86% delle risorse disponibili (è la classe alta, così suddivisa: l'1% ne possiede il 46% e il restante 9% possiede il 40%); poi il 40% che ne possiede il 14% (è la classe media) e il restante 50% che non possiede nulla o quasi. La stima è di Alain Badiou, scrittore, filosofo, professore emerito all'École normale supérieure di Parigi, fra i massimi filosofi viventi. È sul 14% della popolazione mondiale, essenzialmente concentrata nei Paesi sviluppati ma ora non più soltanto, che riposa il consenso per la democrazia»[2].

E cita Joseph Eugene Stiglitz, l'economista e saggista statunitense, premio Nobel per l'economia nel 2001. Stiglitz spiega così questo stato di cose: «La virtù del mercato dovrebbe essere l'efficienza. Ma chiaramente il mercato non è efficiente. La prima legge della teoria economica – neces-

[1] World Economic Forum Annual Meeting, Davos (Svizzera), 2017.
[2] Alain Badiou, *École normale supérieure*, Parigi 2020.

saria perché l'economia sia efficiente – è che la domanda sia pari all'offerta. Ma viviamo in un mondo in cui enormi bisogni rimangono insoddisfatti: mancano investimenti per far uscire i poveri dalla povertà; provvedimenti che promuovano il progresso nei Paesi meno sviluppati dell'Africa e degli altri continenti del mondo; cure che adeguino l'economia globale alle sfide poste dal riscaldamento della Terra. Contemporaneamente abbiamo ampie risorse inutilizzate, come lavoratori e macchinari improduttivi o impiegati al di sotto delle loro capacità. E la disoccupazione è il fallimento peggiore, la fonte di inefficienza più grave, oltre che una delle cause principali della diseguaglianza»[3].

«L'economista americano», riprende Impagliazzo, «pensa che stiamo pagando molto cara la diseguaglianza, con rischi anche per la democrazia, perché "la fiducia nella nostra democrazia e nella nostra economia di mercato ne usciranno sminuite insieme alla nostra influenza a livello globale; anche il nostro senso di identità nazionale potrebbe uscirne minacciato". Secondo Stiglitz il problema non è se la globalizzazione sia buona o cattiva, ma che venga gestita a beneficio solo di interessi particolari. Il potere dei mercati è enorme ma essi "non hanno alcuna caratteristica morale intrinseca" e andrebbero regolamentati».

Passeggiando intorno ai secolari ulivi che adornano il giardino dell'antico convento di Sant'Egidio, oggi sede della Comunità, ci chiediamo come tutto ciò possa essere successo. A cosa si può addebitare questa patologica situazione, questo atteggiamento tossico delle disuguaglianze, questa esagerata concentrazione della ricchezza? Ci doman-

[3] Joseph Stiglitz, *Invertire la rotta: Disuguaglianza e crescita economica*, Laterza, Roma-Bari 2018.

diamo se non siano state le leggi fiscali troppo indulgenti verso le multinazionali, o gli incresciosi divari tra la crescita delle retribuzioni di alti dirigenti a discapito dei lavoratori.

«È dovuto», sostiene, «al liberismo degli anni Ottanta. Margaret Thatcher aveva già dichiarato nel 1987 a un settimanale britannico che "non esiste la società". Nelle sue memorie tentò di spiegare tale controversa affermazione: "Esistono i singoli, uomini e donne; esistono le famiglie e nessun governo può prescindere dalle persone e le persone badano innanzitutto a loro stesse". È evidente che deprezzando "la società", la leader conservatrice non voleva soltanto eliminare la questione sociale ma contrapporle la sua visione di bene comune: il merito individuale di individui pronti alla concorrenza, la ricetta neoliberista. La dottrina della Lady di ferro divenne in quegli anni dominante: la più completa definizione del pensiero unico della globalizzazione. Adottando il pensiero della scuola di Milton Friedman e dei suoi discepoli, la Thatcher e il presidente Reagan misero in atto una politica di privatizzazioni, secondo la convinzione che il mercato avrebbe fatto meglio dello Stato, sia in termini di servizi che di produzione della ricchezza. È ciò che si chiama la fase del turbo-liberismo attuale. Con la globalizzazione, l'antico "*laisser faire, laisser passer*" non ha più limiti».

L'espressione francese *laisser faire, laisser passer* (lasciar fare, lasciar passare) è attribuita all'economista francese Jacques Claude Marie Vincent, marchese di Gournay, nato a Saint-Malo da una famiglia di noti commercianti, e vissuto nella prima metà del '700. La frase riassume il principio secondo il quale lo Stato non deve imporre alcun vincolo all'attività economica, allo scopo di affermare il presupposto della libertà individuale.

«Seguendo questa filosofia», prosegue Impagliazzo, «si preconizza uno Stato leggero, meno coinvolto nell'azione diretta a sostegno della società. Anche se siamo ancora abituati a pensare a una società densa fatta di istituzioni, organizzazioni, tessuto sociale, oggi ci troviamo dentro a una società liquida – per usare le parole di Zygmunt Bauman – più leggera e fragile. Ciò avviene a tutte le latitudini: il welfare è in diminuzione ovunque e non è stato mai creato dove non esisteva».

Conveniamo che questo dato tossico coinvolge anche l'Italia e registra grandi squilibri sia nella distribuzione della ricchezza sia del reddito. Sulla distribuzione della ricchezza, il 70% è posseduto dal 20% più ricco, e il secondo 20% più ricco detiene il 17,6%, lasciando così al 60% più povero circa il 13% della ricchezza prodotta. Nel 2016 la ricchezza dell'1% degli italiani (in possesso oggi del 25% di ricchezza nazionale) è oltre 30 volte la ricchezza del 30% più povero dei cittadini italiani e 415 volte quella posseduta dal 20% più povero della popolazione italiana. E a Sant'Egidio, che quotidianamente combatte le tante povertà, sanno cosa vuol dire rimediare un pasto o un letto pulito per chi non ha niente: questo è un peccato mortale. Nel mondo, la distribuzione del reddito accresce la diseguaglianza. E l'Italia non fa eccezione. Il 10% dei ricchi ha accumulato il reddito di oltre il 50% dei più poveri: questo aumenta il rischio di povertà salariale che in Italia è stato valutato di 2 punti superiore alla media europea. Eppure papa Francesco lo va ripetendo con forza: «Nessuno si salva da solo». I dati, onestamente, fanno un po' girare la testa. Ma si fa sempre più strada la convinzione che oggi più che mai l'imperativo sia cosa fare concretamente per riequilibrare un salario più equo.

«A Sant'Egidio», dice Impagliazzo, «ci siamo chiesti: quale spazio c'è tra le regole del mercato globale e l'aspirazione delle persone al benessere e alla giustizia? In una società globale dove tutto si scambia, si monetizza, si banalizza, niente alla fine sembra veramente importante. Solo il gratuito, ciò che è inutile all'apparenza – che è inassimilabile – può condurre a una reazione, una contraddizione. E può aiutare l'umanità a tornare soggetto.

«Gratuito è ciò che esce dalle logiche del pensiero unico. Perché la gratuità è necessaria? Perché ciò che è gratuito non è di nessuno, quindi nessuno se ne può appropriare, è liberamente offerto, è una libera scelta umana che rende liberi anche dalla tecnica. Il gratuito rompe la logica del possesso materiale. È una grande battaglia di umanità, una possibile conversione personale e collettiva: uscire dallo spirito di contesa per il possesso. Significa il passaggio da un io predatore, che si appropria delle cose, del tempo, della vita, a un noi spossessato e libero; una condizione che moltiplica le risorse esistenziali. Gratuità mostra che non tutto è visibile, tangibile, misurabile: esiste anche ciò che non si può calcolare, valutare, ma che ha un impatto sociale ed economico reale. Non tutto si vende e si compra. Pur in un contesto fortemente segnato dalle leggi del mercato, resta pur sempre nella persona la possibilità di scambiare qualcosa di sé gratuitamente: il tempo, le energie, l'intelligenza, la conoscenza.

«Ciò che vale per le famiglie, vale anche per i popoli. La famiglia resta una grande risorsa per individui soli, la prima scuola del vivere insieme, il luogo dove si può dare e ricevere senza contraccambio. Tutto ciò che ci si scambia in famiglia, le attenzioni, le cure, l'affetto, è gratuito, parallelo alle attività economiche ordinarie che servono per portare avanti il nucleo familiare. In certi Paesi, non solo quelli poveri, la famiglia diviene anche il surrogato di un welfare che non esiste o è debole. Tali aspetti immateriali sono lontani dalla concezione ordinaria che vorrebbe calcolare tutto e dare a ogni aspetto della vita umana un valore commerciale. In questo modo si deturpa la stessa esistenza dei sentimenti umani, instillando l'idea di calcolo, del dare e del ricevere, in ogni aspetto della vita umana.

«La gratuità nello spazio familiare avviene con uno scambio gratuito di doni che vengono considerati tali da chi li scambia, nel senso che non vengono calcolati. Allargando il discorso ne emerge che l'essere umano non è provvisto solo di risorse economiche ma anche di altre risorse legate alla persona, alla sua cultura, conoscenza, abilità, che possono essere offerte ad altri in un reciproco scambio di doni. E questo non può essere immediatamente conteggiato secondo i canoni economici classici. Offrirsi per un servizio volontario e gratuito rappresenta un aspetto di tale possibilità. Quasi ognuno ha almeno un po' di tempo da offrire. Anche il servizio volontario viene considerato poco: a esso si attribuiscono caratteristiche di volatilità, personalizzazione, mancanza di professionismo o dilettantismo, tanto da non poterlo confrontare con un vero lavoro formale. Ciò che non viene pagato, si pensa, non è serio e soprattutto non è garantito. Tuttavia il volontariato fa emergere nella società un giacimento di risorse non utilizzate e non considerate, ma ingente. Volontario non significa non professionale, né meno sicuro. Chi si offre per un servizio volontario compie una scelta che lo impegna molto di più che se fosse retribuito. Egli compie tale decisione davanti ad altri e si impegna personalmente. Il limite (per esempio temporale) della propria offerta sarà lui stesso a deciderlo, in una relazione tra persone. Nel volontariato vi è un aspetto umano relazionale molto importante, che alla fine possiede altrettanta forza del contratto e delle procedure formali di un lavoro salariato».

Passiamo per la chiesa di Sant'Egidio e la prima cosa che mi colpisce è la grande icona del Volto del Cristo posta sull'altare, sul fondo della chiesa. È un'icona molto antica, proviene dalla Russia. Rappresenta un *mandylion*, cioè il velo sul quale si è impressa la vera immagine del volto di Gesù. Da questa icona sembra che Gesù guardi chiunque si sieda in chiesa per pregare o semplicemente per riposarsi, per trovare ristoro. È uno sguardo insieme profondo e compassionevole, come di chi ti accoglie e ti guarda perché ha capito che sei solo, confuso, disperso.

E mi accorgo che, in questo crudo ma affascinante pensiero sulla gratuità come segno di umanità, c'è tutta la filosofia di Marco Impagliazzo e del suo sant'Egidio. La storia di questo eremita nativo di Atene ma vissuto in Francia tra il 650 e il 720 dopo Cristo è la sintesi della frenetica e capillare Comunità voluta da Andrea Riccardi, assistita spiritualmente da monsignor Vincenzo Paglia, presidente della Pontificia Accademia per la Vita, e sostenuta dall'impegno di tanti volontari, primo fra tutti proprio Impagliazzo.

La vita del santo abate Egidio è infatti intessuta di prodigi. La leggenda più popolare vuole che Egidio sia giunto da Atene per vivere come eremita in un bosco presso la foce del Rodano, nella Francia meridionale. Il tempo lo trascorreva nella preghiera, fra austerità e digiuni. Si nutriva di erbe, di radici, di frutti selvatici, dormiva sulla nuda terra e il suo cuscino era un sasso, mentre una cerva gli forniva il latte ogni giorno. Ma durante una battuta di caccia l'eremita venne scoperto da Flavio, re dei Goti, ed entrò nelle sue grazie. Per errore, infatti, il sovrano, aveva scagliato una freccia per colpire la cerva, ma ferì il santo presso il quale l'animale si era rifugiato. Tra i due nacque un'amicizia e il re, mosso a compassione dall'accaduto, decise di offrire a Egidio una distesa di terra sulla quale costruire un'abbazia. Qui, Egidio vide prosperare un'attiva comunità di monaci, con i quali affrontò una vasta opera di evangelizzazione. Dissodò campi, fertilizzò terreni fino ad allora incolti, aprì vie di commercio e predicò il Vangelo convertendo i peccatori. Per i molti miracoli operati, Egidio fu conosciuto in tutta la Francia con la fama di santo taumaturgo. Poi il suo culto si estese anche in Belgio, Olanda e Italia.

Ma dopo questo breve ristoro, torna ben presto alla mente l'aridità dei numeri delle diseguaglianze. E dietro questi numeri – freddi, muti, agghiaccianti – si nascondono volti e voci di persone che soffrono condizioni di miseria e di emarginazione. È giunto il momento di costruire un'economia umana a vantaggio di tutti, non solo di pochi privilegiati. Se è vero che otto persone possiedono da sole la stessa ricchezza della metà più povera dell'umanità è chiaro che la crescita va a vantaggio dei più ricchi mentre il resto della società soffre, in particolare i poveri. Sono la natura stessa delle nostre economie e i principi alla base dei nostri sistemi economici ad averci portato a questa situazione estrema, insostenibile, ingiusta. La nostra economia deve smettere di remunerare eccessivamente i più ricchi e iniziare a operare a vantaggio di tutti.

«Se nel mondo dell'economia, ad esempio, si pensa che la gratuità e il volontariato non siano risposte valide di fronte ai grandi problemi della povertà del mondo, così anche le istituzioni di un paese non pensano si possa utilizzare il volontariato per rispondere ai problemi sociali. Si dice che carità e crescita economica siano contrapposte. Si pensa che occorra cambiare le cose a partire dalle istituzioni. Quindi, per esempio, nei confronti di un paese povero, si crede che sia meglio cambiare le sue istituzioni per renderlo libero da ogni dipendenza e capace di ben funzionare nel consesso delle nazioni (*good governance*, il buon governo), piuttosto che operare a partire dalle persone. È la dottrina che sta alla base del sostegno budgetario e dell'*ownership* (del possesso, della proprietà). Anche alcuni di coloro che credono che sia meglio operare dal basso, dalla cosiddetta società civile, non si discostano essenzialmente da questa dottrina. Tuttavia non è buona politica contrapporre o mettere in competizione la persona, la comunità o le associazioni, da una parte, e le istituzioni, dall'altra: ognuna nel suo registro può ben operare. Ma ci vuole sinergia.

«Il contributo specifico che possono dare le persone, e le comunità di persone, viene proprio dalla loro disponibilità al gratuito, che non è presente nelle istituzioni (e non può esserlo). Questo spazio del gratuito rappresenta una risorsa enorme che può essere ben utilizzata. Molti medici, per esempio, ma anche altri professionisti, sono disposti a donare tempo, conoscenze e capacità in maniera flessibile, in Paesi lontani o accanto a casa. Dal momento che tale offerta è estremamente personalizzata e non istituzionalizzabile, va intercettata con maggiore flessibilità e personalizzazione di ciò che possono fare le istituzioni di qualunque tipo. Infatti un'istituzione (dall'assessorato ai servizi sociali di un Comune fino a un governo donatore o a un'agenzia internazionale di aiuto) non è in grado di intercettare questo tipo di offerta. Perché tralasciarla o contrapporvisi? La rete dei rapporti tra professionisti – la cui messa in opera viene svolta attraverso relazioni personali dirette – mostra che ne può risultare un'energia enorme. Ciò crea legami nord-sud personalizzati e, se sostenuti adeguatamente, molto duraturi.

«Le persone si legano: ciò corrisponde anche alla richiesta generale di legami che esiste oggi nel mondo. Un esempio è dato dal successo che sta avendo l'adozione a distanza: le persone preferiscono aiutare quando sanno con chi si mettono in relazione (personalmente anche se da lontano), non solo per diffidenza ("voglio vedere se i miei soldi arrivano veramente") ma anche perché l'adozione a distanza crea comunque un legame. Si potrebbe dire che nella società liquida il vincolo si fa meno istituzionale di una volta: le persone vogliono sapere, toccare, creare un legame».

Sono passati quattro anni da quando il Forum Economico Mondiale ha identificato nella crescente disuguaglianza economica la maggiore minaccia alla stabilità sociale. Tre da quando la Banca Mondiale ha associato il proprio obiettivo di eradicazione della povertà alla necessità di promuovere la prosperità condivisa. Da allora, nonostante i leader mondiali abbiano sottoscritto tra gli Obiettivi di Sviluppo Sostenibile anche quello di riduzione della disuguaglianza, il divario tra i ricchi e il resto dell'umanità si è allargato. Non si può continuare così. L'allora presidente americano Obama nel settembre 2016, in occasione del suo ultimo discorso di fronte all'Assemblea Generale delle Nazioni Unite, aveva detto che «un mondo in cui l'1% dell'umanità controlla la stessa quantità di ricchezza del restante 99% non sarà mai un mondo stabile».

«Sì, aveva ragione Obama», mi interrompe Impagliazzo. «La situazione è contraddittoria e genera instabilità. Da una parte, grazie alla finanza che ne rappresenta il volano principale, l'entrata dei nuovi attori nel mercato globale fa arretrare la povertà globale: la Banca Mondiale annuncia che tra il 1990 e il 2011 il numero dei poveri (coloro che vivono con meno di 1,25 dollari al giorno) si è ridotto di più del 40%. Dall'altra resta povero un miliardo di persone: l'ultimo miliardo, come lo chiama l'economista britannico Paul Collier, già consigliere senior della Commissione Blair per l'Africa e direttore del gruppo di ricerca sullo sviluppo presso la Banca mondiale. Una buona notizia, ma contemporaneamente la diseguaglianza si è molto accresciuta. Leggendo bene i dati si scopre che l'aumento c'è stato ma si concentra immediatamente sopra il limite degli 1-2 dollari al giorno per persona. Ma mentre in America Latina – grazie anche alle politiche sociali messe in atto da governi progressisti – una buona fetta di popolazione è giunta a poter disporre di circa 10 dollari al giorno, in Africa e nel Sud-est asiatico le cose sono ancora quasi quelle di prima. Nondimeno la globalizzazione ha messo in moto un ciclo virtuoso: l'economia gira, emerge una nuova classe media mondiale, alcuni Paesi – Cina in testa – divengono protagonisti. È la rivincita del Sud, che dispone di una popolazione più giovane, di città più grandi, di materie prime che in passato venivano trasformate solo nel Nord. La ricchezza si sposta e con essa la speranza per centinaia e centinaia di milioni di persone di vivere meglio».

E intanto la crescita globale della disuguaglianza prosegue senza tregua. Dal 2015, l'1% più ricco dell'umanità possiede più ricchezza netta del resto del pianeta. Nei prossimi 20 anni, 500 persone trasmetteranno ai propri eredi 2100 miliardi di dollari: è una somma superiore al PIL dell'India, paese in cui vivono 1 miliardo e 300 milioni di persone.

Tra il 1988 e il 2011 i redditi del 10% più povero dell'umanità sono aumentati di meno di 3 dollari all'anno mentre quelli dell'1% più ricco sono aumentati di 182 volte. Se lasciata senza controllo, questa crescente disuguaglianza minaccia di lacerare le nostre società, porta a un aumento della criminalità e dell'insicurezza, e rischia di pregiudicare l'esito della lotta alla povertà. Più di una persona vive nella paura, pochi vivono nella speranza: le povertà possono essere il risultato di questo processo mortale.

Secondo Marco Impagliazzo, per trovare una versione meno pessimista bisogna ricorrere all'economista scozzese Angus Deaton, premio Nobel per l'economia nel 2015, che parla di quella che lui chiama "l'eterna danza tra progresso e diseguaglianza": «La diseguaglianza è spesso una conseguenza del progresso. Non tutti si arricchiscono allo stesso momento [...] la globalizzazione attuale ha visto crescere sia la prosperità sia le diseguaglianze»[4].

«Secondo Deaton siamo davanti a una fase di distruzione creatrice. Senza negarne gli effetti dannosi, l'economista analizza la diseguaglianza dal punto di vista degli standard di vita nel mondo, puntualizzando gli enormi progressi fatti nei campi sanitario e educativo nell'ultimo periodo. Deaton non è un fautore del turbo-liberismo (cioè un liberismo fortemente accelerato e privo di controllo) ma – ricostruendo la storia dei momenti di progresso e sviluppo mondiali – scopre che a ogni grande fuga c'è chi rimane indietro. La fuga è quella di coloro che in un dato momento storico si coalizzano per fuggire miseria e povertà. Ogni volta che qualcuno fugge – un popolo, uno Stato, un'intera

[4] Angus Deaton, *La grande fuga. Salute, ricchezza e origini della disuguaglianza*, Il Mulino, Bologna 2015.

area geografica – la diseguaglianza aumenta: chi fugge infatti aumenta il proprio divario dagli altri. Se non ci fosse crescita né sviluppo per nessuno, se nessuno fuggisse, la diseguaglianza sarebbe pari a zero ma non sarebbe un bene per l'umanità».

È ragionando su questo tema che – sempre camminando – raggiungiamo la mensa di via Dandolo che la Comunità di Sant'Egidio ha aperto nel 1988. È situata nel rione di Trastevere, sorge nell'edificio in cui si trovava il calzificio della famiglia ebraica Caviglia, che in seguito alle leggi razziali del 1938 lo dovette abbandonare. Nel dopoguerra la famiglia riprese la propria attività altrove e, avendo recuperato la proprietà dello stabile in via Dandolo, lo cedette successivamente alla Comunità, perché diventasse la sede della mensa per i poveri. Così questo luogo segnato dall'esclusione e dal razzismo è diventato uno spazio di inclusione, di accoglienza e di amicizia per tutti, espressione dolce e calda della famiglia universale che vuole essere la Comunità. Qui i poveri sono messi al centro e sono serviti a tavola. Al servizio alla mensa partecipano numerosi volontari, tra cui seminaristi, preti, religiosi e religiose e gruppi di pellegrini. Vedo gli occhi di Marco sorridere a questo miracolo.

Certo, negli ultimi decenni centinaia di milioni di persone si sono emancipate dalla povertà, e questa è una conquista di cui il mondo deve andare fiero. Eppure ancora oggi una persona su nove soffre quotidianamente la fame. Se la crescita che si è registrata tra il 1990 e il 2010 fosse stata più favorevole alle classi più povere, oggi 700 milioni di persone in più (la maggioranza delle quali donne) non vivrebbe in povertà. Le ricerche rivelano che la povertà estrema potrebbe di fatto essere ridotta di tre quarti subito e con risorse già esistenti, semplicemente aumentando l'imposizione fiscale e riducendo la spesa militare e altre spese regressive. Papa Francesco ha detto che, tagliando per un giorno le spese militari, si potrebbe dare da mangiare per un anno a tutti gli affamati e i poveri del mondo. Sarebbe ora che si prendessero un giorno di riposo!

«La diseguaglianza oramai si vede e innesca reazioni. È in corso un cortocircuito globale su due fronti. Nel Sud del mondo l'improvviso arricchimento in una popolazione, abituata all'eguaglianza della penuria, produce risentimento sociale man mano che aumenta. Le classi diseredate vedono la ricchezza avvicinarsi, favorire una élite nazionale senza che la maggioranza ne possa ancora godere. In assenza di welfare, la corruzione, i favoritismi e la burocrazia divengono intollerabili. È il caso della Cina e dell'India, ma anche del Brasile appena è rallentata l'economia. Nel Nord ricco il rancore si diffonde con il taglio del welfare, il propagarsi di *mini-job* non garantiti, il precariato e lo sviluppo della classe dei *working poor*, coloro che non ce la fanno ad arrivare alla fine del mese, coloro che appartengono alla categoria dei lavoratori poveri, quelli che, pur avendo un'occupazione, si trovano a rischio di povertà e di esclusione sociale a causa del livello troppo basso del loro reddito, dell'incertezza sul lavoro, della scarsa crescita reale del livello retributivo, dell'incapacità di risparmio. È la frattura sociale che aveva intravisto il presidente francese Jacques Chirac nella sua campagna presidenziale del 1995. Vecchi e nuovi ceti medi provocano la crisi su entrambi i fronti, mentre vanno rimarcati due aspetti preoccupanti: le classi medie sono composte da coloro che pagano le tasse, che sono anche quelle che formano la colonna vertebrale delle democrazie. Se tale equilibrio va in pezzi, il danno è colossale. Nel frattempo si costituisce una non-classe, soprattutto in Occidente: quella dei disoccupati, i NEET (*Not in Education, Employment or Training*), ossia giovani tra i 15 e i 29 anni che non sono occupati né inseriti in percorsi di istruzione o formazione, e di coloro che perdono il lavoro dopo i 50 anni. Si tratta di esclusi non rappresentabili, secondo l'analisi del sociologo francese Pierre Rosanvallon».

Sebbene in questi ultimi dieci anni siano stati registrati molti progressi, vi sono ancora molte criticità da superare. I Paesi più poveri hanno avuto maggior accesso ad acqua, elettricità e servizi igienici; la povertà e la mortalità infantile sono diminuite; la tecnologia si è diffusa al punto che oggi ci sono più smartphone che persone. Però sono aumentate le migrazioni forzate, quelle dovute a conflitti, persecuzioni, violenze, violazioni dei diritti umani e catastrofi ambientali. La Comunità di Sant'Egidio, operando sul campo, si rende conto che, anche se la situazione globale migliora, la strada da fare è ancora lunga.

«Il mondo è plurale: globalizzato e unificato, ma irriducibilmente plurale. Plurale nelle sue civiltà e religioni, nazioni e interessi, città e flussi. Quindi è esposto costantemente al rischio del conflitto e della divisione. La globalizzazione non ha creato una civiltà, non potrebbe. Per vivere insieme l'unica strada praticabile è quella del convivere tra diversi. È questo il tema generale che attraversa tutte le questioni qui rapidamente poste, si potrebbe dire il tema dei temi del nostro tempo.

Guerra, paura, diseguaglianza, spaesamento, violenza, abbandono: molto spinge per la fine di ogni convivenza, all'interno dei nostri Paesi come tra Stati. Dialogo, simpatia, nuovo umanesimo, unità europea, gratuità sono tutte forme di resistenza a tale destino, processi in controtendenza. Si tratta di una dialettica che attraversa mondi, culture e civiltà; talvolta li lacera, sempre li sfida. È un confronto che si svolge prevalentemente in città, dove gli uomini e le donne si addensano. È anche il sogno di tanti uomini e donne che hanno attraversato gli anni bui della storia senza soccombere a essa, senza tradirsi né tradire. Davanti agli inferni veri della nostra epoca, laddove soccombe ogni senso di umanità ma anche di ragionevole speranza, la loro testimonianza rimane per ognuno una luce, non può cancellarsi. Ne conosciamo i nomi e le storie che dimostrano che la vita intesa come lotta può ancora vincere. Ma ci sono anche tanti altri che cadono nell'abisso della disperazione, dell'odio, del nichilismo, della violenza. Eroi negativi del nostro tempo che si uccidono uccidendo, bombardano, sfruttano, separano, cacciano, compiono sacrifici umani. È il fondamento pagano dell'uomo che talvolta risorge assassino, spietato, sordo agli appelli e alle grida di aiuto, indifferente, talvolta ammantato di burocrazia o rinchiuso nelle istituzioni.

«Siamo dentro un mondo diviso tra aspirazione al bene e all'unità, da una parte, e realtà del male, della divisione e del disprezzo, dall'altra. Come ritessere lo strappo? Come vincere la paura, ridare fiducia, restaurare il dialogo che umanizza, redistribuire senza ingiustizie, non escludere; come connettere senza perdere nulla di ciò che siamo? In una parola sola: come convivere? In molti si pongono tale drammatica domanda – che è la domanda del futuro del mondo – cercando soluzioni. Soprattutto ogni differenza ci spaventa anche se il riconoscimento delle divergenze, il reciproco riconoscimento dell'altro nella sua diversità, può diventare il segno di una identità comune, come sostiene l'accademico tedesco Jürgen Habermas».

Su questo tema Andrea Riccardi ha scritto un libro eloquente, intitolato proprio *Convivere*[5], in cui parte dalle esperienze dolorose di divisione e di conflitto del mondo attuale, per cercare di ritessere i fili del dialogo tra diversi e ritrovare le ragioni del vivere insieme.

«È la sfida della storia, della cultura e della politica del nostro tempo, il destino degli uomini e delle donne della globalizzazione. Pensare di separarsi dagli altri è un'illusione che uccide. Analizzando le dolorose storie dei divorzi fra i popoli, i conflitti africani, le guerre etniche come quella del Rwanda, la sfida posta alle identità dalla globalizzazione, la questione religiosa (con particolare attenzione a quella dell'Islam), Andrea Riccardi sottolinea che la sfida del vivere insieme oggi è bruciante e viene posta a tutti: vecchi e nuovi continenti, Paesi poveri e ricchi, Oriente e Occidente, potenze emergenti e vecchie democrazie industriali. Come fare allora? Ricordo le parole del giornalista turco di origine armena, Hrant Dink, ucciso nel 2007: "Convivere non è una grazia che viene dall'alto ma una civiltà che bisogna produrre. C'è una sola strada: tentare, tentare, tentare". Forse ciò significa anche rinunciare a qualcosa... per ottenere molto di più».

Secondo i dati, la metà dei poveri del mondo (circa 736 milioni di persone in totale) è concentrata in India, Nigeria, Repubblica Democratica del Congo, Etiopia e Bangladesh. Questi cinque Paesi sono i più popolosi dell'Asia del Sud e dell'Africa subsahariana, regioni che insieme accolgono l'85% dei poveri di tutto il mondo. Papa Francesco dice: «L'unica colpa di questa gente è essere nata nella parte sbagliata nel mondo!».

[5] Laterza, Roma-Bari 2006.

«E poi bambini, l'infanzia. I dati denunciano che nel mondo le nascite di 166 milioni di bambini sotto i 5 anni (25%) non sono mai state registrate, e che 237 milioni di bambini sotto i 5 anni non hanno un certificato di nascita. Questi bambini sono prevalentemente figli di famiglie molto povere, che vivono nelle zone rurali e le cui madri sono prive di istruzione formale. Cresce un esercito di sconosciuti e di fantasmi. Un esercito che inevitabilmente alimenta il mercato delle adozioni illecite, del traffico di organi, dei bambini-soldato, della miseria e della fame. Un vero grande problema che il mondo deve affrontare.

«Dal 2008 la Comunità di Sant'Egidio», continua Impagliazzo, «ha dato vita al Programma BRAVO! (*Birth Registration for All Versus Oblivion*), che promuove il diritto alla registrazione presso lo stato civile per permettere a tutti – in particolare ai bambini vulnerabili – di godere della protezione dallo sfruttamento, di accedere ai diritti civili e alle prestazioni educative, sociali e sanitarie. Attualmente il programma è attivo in Mozambico, Malawi, Burkina Faso, Repubblica di Guinea e ha potuto effettuare la registrazione di circa 4 milioni e mezzo di bambini e adulti.

«Il programma, in pieno accordo e complementarietà con i governi beneficiari, prevede l'apertura di uffici di registrazione nei centri sanitari per dare immediatamente il certificato di nascita ai bambini nati e vaccinati nei centri; campagne di registrazione tardiva gratuita nelle scuole primarie e nei villaggi, per permettere ai bambini di iniziare o di proseguire gli studi e facilitare la registrazione delle popolazioni rurali svantaggiate a causa della distanza dai centri di registrazione; il rafforzamento del sistema di stato civile attraverso la formazione dei funzionari e del personale direttamente coinvolto nelle attività di registrazione a livello nazionale e locale; l'apertura e l'allestimento di uffici di registrazione allo stato civile con l'equipaggiamento informatico, il mobilio, i registri e i formulari, il materiale di cancelleria necessario. Questo è il modo per proteggere la vita di tanti bambini nel mondo: evitare che diventino schiavi o siano venduti».

LA PANDEMIA, E SIAMO TUTTI PIÙ POVERI

Secondo l'OCSE occorrono quattro generazioni e mezza – cioè 112 anni e 6 mesi – perché chi nasce nelle famiglie più povere possa raggiungere il livello medio di reddito del suo Paese. Questo intervallo – oltre un secolo! – è la media negli Stati dell'OCSE, l'organizzazione che raggruppa le nazioni più ricche e industrializzate del mondo[1].

L'OCSE è l'Organizzazione per la Cooperazione e lo Sviluppo Economico istituita il 14 dicembre 1960 con la Convenzione sull'Organizzazione per la Cooperazione e lo Sviluppo Economico. Dai 20 Paesi iniziali, tra cui l'Italia, paese fondatore, oggi l'OCSE comprende 57 Stati di tre continenti, Nord America, Europa e Asia, e interessa oltre un miliardo di persone. La sua missione è quella di promuovere, a livello globale, politiche che migliorino il benessere economico e sociale dei cittadini, attraverso l'integrazione dei mercati e la realizzazione dei più alti livelli di crescita economica e di occupazione sostenibile, favorendo gli investimenti e la competitività e mantenendo allo stesso tempo la stabilità finanziaria.

[1] Report *A Broken Social Elevator? How to Promote Social Mobility*, fonte: elaborazione Openpolis – Con i Bambini su dati OCSE, 2020.

L'Italia – fra questi 57 Paesi – non gode proprio di ottima salute, almeno tra gli Stati occidentali: per arrivare al reddito medio servono cinque generazioni. In India e Cina le generazioni diventano sette; in Brasile, nove. Lo denuncia proprio il rapporto OCSE che si chiede: "*L'ascensore sociale è guasto?*". Secondo il rapporto, nei Paesi dell'organizzazione il reddito medio del 10% più ricco è nove volte e mezzo quello del 10% più povero: un livello di disuguaglianza pari a sette volte quello che si registrava 25 anni fa, una generazione fa!

Dunque ci sono sempre più poveri anche nei Paesi cosiddetti ricchi, o che vengono collegati a essi. E l'Italia è fra questi Paesi.

Con monsignor Francesco Soddu, voluto dalla CEI nel gennaio 2012 a capo della Caritas italiana e a ottobre del 2021 nominato da papa Francesco vescovo di Terni-Narni-Amelia, analizziamo i dati e soprattutto le storie, i volti, le voci che ci sono dietro questi freddi numeri. Sua Eccellenza è in viaggio per l'Italia perché vuole toccare con mano lo stato di povertà, vuole conoscere queste storie, questi volti: perché questa povertà non ha confini, investe la gente da nord a sud. Basti pensare che le regioni d'Italia più povere sono Valle d'Aosta, Campania, Lazio, Sardegna, Trentino-Alto Adige.

Valutare lo stato e le prospettive dello sviluppo del pianeta è un compito molto complesso ed è affidato alla Caritas Internationalis attraverso il suo presidente, il cardinale Luis Antonio Tagle e il suo staff, che se ne occupano a tempo pieno. A questa area fanno riferimento tutte le attività che Caritas Italiana promuove a livello internazionale: interventi di emergenza, progetti di sviluppo, iniziative di animazione e formazione sulle tematiche della mondialità e dell'interculturalità, della cooperazione internazionale, della tutela dei diritti. Ma è anche necessario affrontare con decisione i problemi di un pianeta dove la lotta alla povertà non progredisce alla velocità sperata. In questo momento drammatico, Caritas guarda in particolar modo ai Paesi più poveri e in via di sviluppo, dove una diffusione della pandemia potrebbe avere conseguenze ancora più catastrofiche che in Occidente. In Italia, ognuna delle 218 Caritas ha posto in essere progetti e misure per sostenere le popolazioni colpite e per contrastare la diffusione del virus. Lo scoppio improvviso e tragico della pandemia ha colto la Caritas italiana proprio nel mezzo dell'itinerario di avvicinamento al suo 50° anniversario. A tutti i livelli si è dovuta da subito attivare per la nuova e imprevista emergenza.

«Ecco perché», dice monsignor Soddu mentre si sposta agevolmente in auto tra una regione e l'altra, «la Conferenza Episcopale Italiana ha voluto lanciare la campagna "*La concretezza della carità*" sin dai primi momenti dell'emergenza, affidandone la realizzazione proprio a Caritas Italiana, il suo organismo pastorale per l'animazione delle comunità alla carità. Più che mai si è trattato di fare appello alla responsabilità e alla condivisione. Attraverso questa campagna tutti insieme abbiamo potuto dare un segno di speranza e di conforto. Per tutte le persone più fragili ancor più colpite dalla pandemia, ma anche per quanti, nonostante tutte le paure, sono rimasti accanto agli ultimi e ai più bisognosi. Così le Chiese e le Diocesi hanno continuato a non far mancare il dinamismo forte della carità.

«Ci siamo trovati improvvisamente a nuovi ambiti di bisogno, certamente aggravati dalla pandemia. Fenomeni nuovi, come le difficoltà di alcune famiglie rispetto alla didattica a distanza, a cominciare dall'impossibilità di accedere a strumentazioni adeguate – tablet, pc, connessioni wi-fi. Ma ci hanno soprattutto colpito i tanti, troppi *allarmi* delle Caritas su quella che abbiamo definito la *dimensione psicologica.* Durante il lockdown, è stato rilevato un evidente aumento del "disagio psicologico-relazionale", di problemi connessi alla "solitudine" e di forme depressive. Le Caritas territoriali hanno evidenziato anche un accentuarsi delle problematiche familiari: conflitti di coppia, violenze, difficoltà di assistenza ai bambini piccoli o ai familiari colpiti da disabilità; tensioni tra genitori e figli. Ci ha preoccupato anche il fenomeno della "rinuncia o il rinvio di cure e assistenza sanitaria", determinato dal blocco dell'assistenza specialistica ordinaria e di prevenzione, che potrebbe determinare in futuro un effetto di onda lunga sul piano del carico assistenziale e del profilo epidemiologico del paese».

Così di fronte a questi inediti e vasti fenomeni, le 218 Caritas italiane hanno messo in atto risposte innovative e diversificate, mai sperimentate in precedenza, come ad esempio i servizi di ascolto e di accompagnamento telefonici, l'ascolto organizzato all'aperto, la consegna di pasti a domicilio, la fornitura di pasti da asporto (in sostituzione o per alleggerire le tradizionali mense); la distribuzione di dispositivi di protezione individuale e igienizzanti, la messa a disposizione di alloggi per i periodi di quarantena e isolamento, i servizi legati all'acquisto e alla distribuzione di farmaci e prodotti sanitari, i servizi di assistenza psicologica. Insomma una vivacità di iniziative e di opere, realizzate anche grazie alla disponibilità di migliaia di volontari, soprattutto giovani del servizio civile universale, che da Nord a Sud del Paese si sono spesi a favore dei più vulnerabili. Alcune delle azioni intraprese sono state realizzate anche in forma coordinata e sinergica con altri attori del territorio: amministrazioni locali, parrocchie, associazioni, enti ecclesiali e non ecclesiali, Protezione civile. Tante anche le iniziative di solidarietà e le donazioni da parte di aziende, enti, negozi, supermercati, famiglie, singoli cittadini.

«Ma abbiamo avuto modo di scoprire anche un'altra realtà», sottolinea Soddu, «emersa con prepotenza in questi due anni di pandemia: la presenza – accanto ai poveri, da sempre oggetto di assistenza da parte delle Caritas e spesso ulteriormente impoveriti e resi fragili dalla pandemia – di persone che per la prima volta si sono rivolte ai nostri Centri di ascolto. La cifra, come risulta dall'ultimo monitoraggio, è impressionante: più di 450mila nuovi poveri. Con una presenza sempre più significativa delle donne e dei giovani»[2].

Cito a sua eccellenza Soddu uno dei Proverbi che ha un significato in linea con la loro attività: «Non negare un beneficio a chi vi ha diritto, quando è in tuo potere di farlo. Non dire al tuo prossimo: "Va' e torna, te lo darò domani", quando hai la cosa con te!»[3].

«Certo, vuol dire prendersi cura di chi si trova in condizioni di sofferenza, abbandono o angoscia, nella certezza che "il poco, se condiviso con amore, non finisce mai, ma si trasforma in riserva di vita e di felicità". Così avvenne per la focaccia della vedova di Sarepta offerta al profeta Elia e per i pani che Gesù spezza e dà ai discepoli da distribuire alla folla. Un pane che integra e restituisce dignità. Non solo il *pane della mensa*, che manca a oltre 2 miliardi di persone costrette a mangiare meno del necessario. Anche il *pane del*

[2] Caritas italiana, *Rapporto su povertà ed esclusione sociale*, Roma 2021.
[3] Pr 3,27-28.

lavoro: solo in Africa si calcola che siano oltre 150 milioni i posti di lavoro a rischio nelle imprese informali impegnate in settori ad alta esposizione al Covid-19».

Sì, perché non c'è soltanto il pane che rappresenta il cibo, ma c'è anche il pane dei diritti che reclamano sempre più persone vittime di sistemi ingiusti e discriminatori.

«Ad esempio», denuncia Soddu, «le donne e le ragazze guadagnano meno, risparmiano meno e sono occupate in lavori precari e informali. Cresce anche la violenza di genere, a causa dei limiti alla mobilità e dell'isolamento sociale. E poi c'è il *pane della salute*: milioni di famiglie povere e impoverite sono più esposte al pericolo di contagio e rischiano di rimanere senza cure e senza medicine per mancanza di soldi, oppure perché non accedono più ad alcuni servizi. Va detto con forza che i Paesi ricchi – che rappresentano il 13% della popolazione mondiale – si sono accaparrati la maggior parte delle dosi dei vaccini. C'è inoltre il *pane della cultura*, per milioni di bambini e giovani costretti ad abbandonare o a non avere accesso alla scuola. E c'è infine il *pane della pace*, che chiede un impegno comune, solidale e partecipativo per proteggere e promuovere la dignità e il bene di tutti. Ma anche per risolvere crisi tra loro fortemente connesse, come quella climatica, alimentare, economica e migratoria. In sintesi "dar da mangiare agli affamati" si coordina con il "date voi stessi da mangiare"; si connette con l'atteggiamento della vedova; si rispecchia nell'atteggiamento di Zaccheo che restituisce; si conforma al modo di agire del buon samaritano che "si prese cura di lui"».

Le statistiche spesso utilizzate, quelle che definiscono la povertà estrema con una soglia di 1,90 USD PPP (*Purchase Power Parity* – Parità di Potere di Acquisto), offrono della povertà nel mondo un fenomeno in rapido e ineluttabile calo. Questa soglia è però giudicata del tutto insufficiente da molti economisti. Secondo Caritas, in Italia, non si riesce a vivere con poco più di 1 euro al giorno. I dati rilevati dalle 218 Caritas diocesane sul territorio, espressione delle rispettive chiese locali, sono in linea con le statistiche ufficiali.

«Nel 2020 la rete Caritas, che conta su 6.780 servizi a livello diocesano e parrocchiale, e oltre 93mila volontari a cui si aggiungono circa 1300 volontari religiosi e 833 giovani in servizio civile, ha sostenuto più di 1 milione e 900mila persone. Di questi il 44% sono "nuovi poveri", persone che si sono rivolte al circuito Caritas per la prima volta, per effetto – diretto o indiretto – della pandemia. Disaggregando i dati per regione si notano alcune importanti differenze territoriali che svelano quote di povertà "inedite" molto più elevate. Tra le regioni con più alta incidenza di "nuovi poveri" si distingue la Valle d'Aosta (61,1%), la Campania (57%), il Lazio (52,9%), la Sardegna (51,5%) e il Trentino-Alto Adige (50,8%)[4].

«Ma la crisi socio-sanitaria ha acuito anche le povertà pre-esistenti: cresce anche la quota di poveri cronici, in carico al circuito delle Caritas da 5 anni e più (anche in modo intermittente), che dal 2019 al 2020 passa dal 25,6% al 27,5%. Oltre la metà delle persone che si sono rivolte alla Caritas (il 57,1%) aveva al massimo la licenza di scuola media inferiore, percentuale che tra gli italiani sale al 65,3% e che nel Mezzogiorno arriva addirittura al 77,6%. Siamo quindi di fronte a situazioni in cui appare evidente una forte vulnerabilità culturale e sociale, che im-

[4] Caritas italiana, *Rapporto su povertà ed esclusione sociale*, cit.

pedisce sul nascere la possibilità di fare il salto necessario per superare l'ostacolo.

«Il 64,9% degli assistiti dichiara di avere figli; tra loro quasi un terzo vive con figli minori. Il dato non è affatto irrisorio se si immagina che dietro quei numeri si contano altrettante, o forse più, storie di povertà minorile che ci sollecitano e ci allarmano. Rispetto alle condizioni abitative, oltre il 60% delle persone incontrate (63%) vive in abitazioni in affitto; il 5,8% dichiara di essere privo di un'abitazione; il 2,7% è ospitato in centri di accoglienza. Percentuali, queste ultime, che si legano chiaramente alla condizione degli *homeless*, i senzatetto, i cui numeri anche per il 2020 risultano tutt'altro che trascurabili. Le persone senza dimora incontrate dalle Caritas d'Italia sono state 22.527 (pari al 16,3% del totale), per lo più di genere maschile (69,4%), stranieri (64,3%), celibi (42,4%), con un'età media di 44 anni e incontrati soprattutto nelle strutture del Nord. Delle persone sostenute dal circuito Caritas, oltre un terzo (il 37,8%) è supportato anche da alcuni servizi pubblici con i quali a volte le Caritas sui territori svolgono un lavoro sinergico e coordinato soprattutto in questo tempo di criticità»[5].

I dati della FAO dal 2018 a oggi hanno confermato per il terzo anno consecutivo un aumento del numero delle persone che soffrono la fame. A questo si aggiungono altre piaghe connesse alla fame: le guerre, le disuguaglianze, le migrazioni, insomma tutte le povertà di questo mondo[6].

Il 6 luglio 2021 è stato pubblicato il rapporto delle Nazioni Unite *Sustainable Development Goals* (Obiettivo di

[5] Ivi.
[6] FAO, *The State of Food Security and Nutrition in the World*, 2021.

sviluppo sostenibile), che rappresenta la fonte più autorevole per approfondire lo stato di attuazione dell'Agenda 2030 a livello mondiale. Il Rapporto evidenzia come il Covid-19 abbia di fatto rallentato a livello globale i progressi per il raggiungimento di gran parte dei 17 obiettivi di sviluppo sostenibile. Sul fronte della povertà e della disuguaglianza, le persone in povertà estrema passano da 119 a 124 milioni; in un anno il tasso di individui sotto la soglia di povertà estrema sale dunque dall'8,4% al 9,5%. Non si registrava un aumento così dal 1998. La crisi sanitaria ha acuito inoltre le diseguaglianze all'interno e tra i Paesi, rallentando i progressi verso l'obiettivo 10. Tra gli ambiti in cui la diseguaglianza si riflette maggiormente vi è ad esempio la distribuzione dei vaccini[7].

«Sì», ammette monsignor Soddu, «anche rispetto alla probabilità di contrarre il virus ed esserne vittima si ravvisano diseguaglianze allarmanti. I dati sulla mortalità da Covid-19 raccolti negli USA evidenziano ad esempio una relazione importante tra tasso di mortalità connesso al Coronavirus e origine etnica (le popolazioni indigene e nere sono quelle dove si concentra l'incidenza più alta di mortalità); così come si evidenziano forti correlazioni fra origine e tasso di ospedalizzazione: le popolazioni in condizione di maggior svantaggio economico e sociale si trovano maggiormente interessate anche dal ricovero in strutture sanitarie. Anche per l'Italia numerosi studi sembrano andare in una direzione simile, proprio come confermato dall'ultimo rapporto annuale ISTAT che evidenzia un'associazione tra aree del Paese con maggiore incremento della mortalità le-

[7] ONU, *The Sustainable Development Goals Report* (Report degli obiettivi di sviluppo sostenibile), 2021.

gata al Coronavirus (quelle del Nord-Ovest) e differenziali per livello di istruzione. Indicatore, quello dell'istruzione, che legge al contempo anche le condizioni economiche e gli strumenti cognitivi disponibili per la propria salute.

«La crisi legata al Covid-19 ha avuto un evidente impatto sull'occupazione. Il tutto può dirsi connesso a tre diversi processi collegati al lavoro: la *contrazione economica*, il *lockdown* e il *ricorso allo smartworking*. Sul fronte della contrazione, secondo le stime preliminari dell'Organizzazione Internazionale del Lavoro (ILO) la pandemia potrebbe far aumentare il numero dei disoccupati di quasi 25 milioni di unità; numero che si andrebbe ad aggiungere ai 188 milioni già presenti nel mondo in epoca di pre-pandemia. L'Italia, che già nel 2019 registrava oltre 2 milioni di giovani NEET tra i 15-29 anni e alti tassi di disoccupazione, con la pandemia registra un forte calo del numero di occupati (-682mila unità). È interessante notare come tra loro il 52,3% è costituito da donne, che incidono solo per il 41% sul totale degli occupati, e il 55% costituito da giovani tra i 15 e i 34 anni, giovani-adulti che pesano sul totale degli occupati appena per il 21,2%»[8].

L'OCSE, a seguito di un'indagine internazionale che ha coinvolto novanta organizzazioni giovanili provenienti da 48 Paesi diversi, parla di una vera e propria asimmetria generazionale dell'impatto economico e sociale della pandemia, definendo i giovani come coloro che pagheranno anche in futuro il prezzo economico e sociale più alto. Secondo l'Organizzazione internazionale gli ambiti nei quali cogliere questa asimmetria sono almeno tre: l'interruzione e alterazione del processo educativo; la frammentazione e

[8] Cfr. p. 95.

compressione del mercato del lavoro; l'interruzione di percorsi professionalizzanti con ripercussioni sulle future carriere lavorative, sull'indipendenza economica e abitativa. Dimensioni critiche che, nel nostro Paese trovano purtroppo terreno fertile, viste le problematiche preesistenti alla pandemia: l'alta disuguaglianza dei redditi, lo svantaggio delle carriere giovanili a partire dagli anni Novanta, la bassa mobilità sociale, il *declassamento* della collocazione delle giovani generazioni.

«Anche sul fronte educativo le conseguenze sono state molto gravi, collegate per lo più alla chiusura delle scuole per due anni scolastici consecutivi (2019-20 e 2020-21). La capacità di dare risposta alla sospensione della didattica scolastica ha un evidente legame con la diseguaglianza: di fatto i Paesi a reddito medio-alto e alto vedono una percentuale di studenti interessati dall'interruzione dei processi educativi assai minore di quella relativa ai Paesi a reddito basso e medio-basso. Un fattore di forte disparità è dato, chiaramente, dal possibile accesso alle piattaforme informatiche per la didattica a distanza».

In Italia il 78% delle scuole italiane ha garantito le video-lezioni con gli insegnanti, con frequenze più elevate per quelle secondarie di primo grado (pari all'86%) e per gli istituti del Nord, con punte vicine al 90% in Valle d'Aosta, Friuli-Venezia Giulia ed Emilia-Romagna. Nel Mezzogiorno si registrano performance più basse della media (76%), con i valori minimi in Molise (69%) e Campania (71%). Complessivamente gli studenti che non hanno partecipato alle video-lezioni risultano quasi 600mila, pari all'8% degli iscritti, con un minimo di esclusi nelle regioni del Centro (5%) e valori più elevati (9%) nel Mezzogiorno (con un massimo del 13% in Sardegna). Uno dei fattori che ha limitato la partecipazione degli studenti è la scarsità di dotazioni tecnologiche adeguate. Tra aprile e giugno 2020, circa 430mila ragazzi hanno fatto richiesta di dispositivi informatici (il 6% degli studenti). La quota di richieste è sensibilmente più alta nelle regioni del Mezzogiorno, con livelli quasi doppi, rispetto al dato nazionale, in Basilicata e in Calabria (rispettivamente 15% e 11%). In media il 14% delle richieste non è stato soddisfatto[9].

Occuparsi dei poveri significa guardare agli effetti di un fenomeno, mentre indagare sulle disuguaglianze e sulle loro cause significa concentrarsi sulle radici della povertà stessa. Di tutta la crescita economica avvenuta tra il 1980 e il 2016, il 27% è andato a beneficio dell'1% della popolazione mondiale, i ricchi più ricchi che hanno visto i loro redditi e la loro ricchezza aumentare in modo assolutamente sproporzionato. Meno della metà del guadagno di questi ricchissimi, cioè il solo 12%, è andato a beneficio della metà più povera della popolazione mondiale. È un modo di vivere che se non grida vendetta, almeno chiede giustizia.

«È emerso in modo chiaro dall'emergenza», prosegue Soddu, «che se è vero che siamo su un'unica barca e abitiamo una stessa "casa comune", è altrettanto vero che la crisi provocata dal Covid-19 ha accentuato le differenze. 811 milioni di persone – un decimo della popolazione mondiale – sono sottoalimentati; 47 milioni di donne sono cadute sotto la soglia della povertà; 150 milioni di nuovi poveri nel 2020; 10 milioni di bambini non sono rientrati a scuola aggiungendosi ai 258 milioni che già non la frequentavano; 35 milioni di persone in più si trovano in una

[9] Caritas italiana, *Rapporto su povertà ed esclusione sociale*, cit.

condizione di povertà lavorativa: sono alcuni dei numeri che ci indicano come la forbice delle diseguaglianze, a iniziare dall'accesso al vaccino e al diritto alla propria salute, si sia allargata in modo esponenziale. A metà ottobre era stato vaccinato completamente il 36,2% della popolazione mondiale; un dato che non riflette la situazione reale. Se il 54,1% della popolazione europea è vaccinato questo non è altrettanto vero per l'Africa, ferma al 5,1%. La pandemia non è finita, la povertà è aumentata. Una povertà economica, sociale, sanitaria, educativa, che colpisce in maniera più pesante le donne, i bambini, gli anziani, i disabili e le popolazioni più fragili. La reazione alla pandemia richiede dunque un rinnovato impegno dei governi nell'assicurare sistemi di protezione sociale realmente accessibili ai più poveri. Ma per debellare la povertà è necessario evitare di lasciare i Paesi alla mercé dei creditori. Occorre affrontare definitivamente le cause strutturali del debito che aggravano i vincoli finanziari dei Paesi più poveri, magari attraverso un meccanismo internazionale, sotto l'egida delle Nazioni Unite»[10].

Papa Francesco, nel Messaggio per la celebrazione della Giornata Mondiale di Preghiera per la Cura del Creato del 2020, è stato molto chiaro su questo: «Non dovremmo dimenticare», ha detto, «la storia di sfruttamento del Sud del pianeta che ha provocato un enorme debito ecologico, dovuto principalmente al depredamento delle risorse e all'uso eccessivo dello spazio ambientale comune per lo smaltimento dei rifiuti. È il tempo di una giustizia riparativa. A tale proposito, rinnovo il mio appello a cancellare il

[10] Ivi.

debito dei Paesi più fragili alla luce dei gravi impatti delle crisi sanitarie, sociali ed economiche che devono affrontare a seguito del Covid-19. Occorre pure assicurare che gli incentivi per la ripresa, in corso di elaborazione e di attuazione a livello mondiale, regionale e nazionale, siano effettivamente efficaci, con politiche, legislazioni e investimenti incentrati sul bene comune e con la garanzia che gli obiettivi sociali e ambientali globali vengano conseguiti. Abbiamo bisogno di cambiare il modello di sviluppo globale, la qual cosa implica riflettere responsabilmente sul senso dell'economia e sulla sua finalità, per correggere le sue disfunzioni e distorsioni. Semplicemente si tratta di ridefinire il progresso»[11].

Monsignor Soddu non ha dubbi: «Dobbiamo chiedere politiche più giuste e più rispettose della vita delle persone e del pianeta a tutti i livelli, aiutando a cogliere le connessioni tra tematiche complesse e diverse, ma strettissimamente legate: è questa la via maestra per testimoniare in modo concreto ed efficace l'opzione preferenziale per i poveri. Si tratta di una richiesta da parte dei popoli e dei poveri di tutto il pianeta, che sollecita una forte mobilitazione della società civile. Per la Caritas e per la Chiesa rappresenta una esigenza di carattere pastorale: ascoltare i poveri è la via maestra per riconoscere e promuovere la dignità di ogni donna e di ogni uomo. Questo carica ogni cristiano di una responsabilità aggiuntiva, che si somma alla responsabilità di ogni cittadino di contribuire al bene comune. Tutta la famiglia umana è toccata e deve reagire insieme alzando lo sguardo su quanto avverrà nei prossimi

[11] Papa Francesco, Messaggio per la Giornata Mondiale di Preghiera per la Cura del Creato, 1° settembre 2020.

decenni: ma chi paga il prezzo più salato di quanto avviene sono proprio quelli che hanno meno responsabili sui cambiamenti catastrofici cui andiamo incontro. Anche dalla 49ª Settimana Sociale dei cattolici italiani, che si è tenuta a Taranto, è arrivato un messaggio chiaro: "Il pianeta che speriamo. Ambiente, lavoro, futuro: #tuttoèconnesso"».

Dunque è urgente una trasformazione profonda per dare concretezza a quella conversione ecologica di cui parla papa Francesco: «Ricercare un diverso modo di essere, animato da amore per la terra e per le creature che la abitano». Come? Monsignor Soddu ha le idee chiare:

«Avviando una transizione ecologica verso un nuovo modello di sviluppo, una transizione che è insieme sociale ed economica, culturale e istituzionale, individuale e collettiva – come sottolinea l'*Instrumentum Laboris* per la Settimana Sociale – ma anche ecumenica e interreligiosa. La Settimana Sociale che si è svolta a Taranto ha puntato i riflettori sul rapporto tra ecologia ed economia, tra ambiente e lavoro, tra crisi ambientale e crisi sociale, nella consapevolezza che "non ci sono due crisi separate, una ambientale e un'altra sociale, bensì una sola e complessa crisi socio-ambientale"[12]. La scelta della città pugliese intende non solo porre l'attenzione sulla questione dell'ex-Ilva, ma rappresenta anche una ripartenza per una riflessione più articolata e complessa sulle problematiche ambientali e sociali, rese ancora più evidenti dal diffondersi del virus. Basta con le esitazioni o le mezze misure: occorre accelerare la transizione dei sistemi produttivi e l'uscita definitiva dalle fonti energetiche fossili; occorre rispettare gli impegni finanziari riconoscendo il prezzo pagato dalle comunità e dalle per-

[12] Ibidem.

sone più esposte al cambiamento climatico nel sostenere la difficile transizione; occorre stabilire quadri regolatori chiari e vincolanti per l'azione del settore privato. Dobbiamo riprendere il cammino. E dobbiamo farlo a partire dalla nostra responsabilità di lasciarci toccare da quanto avviene nel mondo, per non essere semplici spettatori del cambiamento. Il grido della terra e il grido dei poveri ci interpellano e ci chiedono, come più volte ribadito da papa Francesco, di "abbandonare un modello di sviluppo consumistico che accresce le ingiustizie e le disuguaglianze, per adottarne uno incentrato sulla fraternità tra i popoli"».

Ma la pandemia ha messo in luce un altro dato allarmante: l'universo femminile emerge sempre come più povero, vulnerabile, emarginato rispetto alla parte maschile della popolazione. Un esempio tra i tanti: le donne tra i 25 e i 34 anni hanno il 25% di possibilità in più di vivere in estrema povertà rispetto agli uomini della stessa età, e il rischio di sperimentare una situazione di insicurezza alimentare è più alto del 10% per le donne a livello globale. L'esperienza della maternità continua a essere associata a un grave rischio: nel 2017 quasi 300mila donne sono morte per complicazioni legate al parto. La disuguaglianza tra i sessi è un fenomeno diffuso, con accenti e caratterizzazioni diverse, in tutto il mondo[13].

«Be', certo l'impatto socio-economico della pandemia non è stato uguale per tutti. A pagare un duro prezzo, forse il più salato, sono state senza dubbio le donne. Donne sulle quali è gravato tutto il carico di cura e le responsabilità fa-

[13] Caritas italiana, *Rapporto su povertà ed esclusione sociale*, cit.

miliari legate a figli, persone anziane, ammalati e disabili, in particolare (ma non solo) durante il primo lockdown della primavera 2020. Donne che dunque in qualche modo hanno supplito al regredire delle agenzie scolastiche, dei servizi pubblici, dei servizi diurni e dell'assistenza domiciliare.

«Sul fronte occupazionale il genere femminile è stato poi il più esposto al rischio di perdita del lavoro; questo perché i settori maggiormente toccati dalle restrizioni e dalle misure anti-contagio sono stati soprattutto quelli a prevalenza femminile, come il commercio, la ristorazione, i servizi, il turismo, ma anche perché il lavoro femminile risulta spesso precario, impiegato con contratti a termine, nel part-time involontario.

«Ancora, le donne in questo tempo inedito sono state esposte, tra le mura domestiche, anche a un maggiore rischio di violenza, sfruttamento e molestie. La convivenza forzata durante la fase di lockdown ha rappresentato in alcuni casi il detonatore per l'esplosione di comportamenti violenti. In altri, l'aggravante di situazioni che già precedentemente erano violente, che hanno spinto, anche in contesti internazionali, a parlare di una doppia pandemia: epidemiologica e di violenza. I dati ufficiali pubblicati dall'ISTAT sulle chiamate ai centri antiviolenza sono emblematici. Nel 2020 le chiamate al numero di pubblica utilità contro la violenza e lo stalking sono aumentate del 79,5% rispetto al 2019, sia per telefono, sia via chat. Il boom di chiamate si è avuto proprio a partire da fine marzo, con picchi ad aprile (+176,9% rispetto allo stesso mese del 2019) e a maggio (+182,2% rispetto a maggio 2019), e in occasione del 25 novembre, la giornata in cui si ricorda la violenza contro le donne, anche per effetto della campagna mediatica (+114,1% rispetto al 2019)».

Sul tema delle vulnerabilità femminili il circuito della Caritas ha potuto interagire con numerosi servizi complementari che si occupano del problema: dai Comuni alle Associazioni, ai Ministeri. Le donne incontrate dai servizi in rete con la raccolta dati sono state 107.223, pari al 50,9% delle persone supportate. Tra loro, le storie di nuove povertà pesano per il 40,6%, una quota più contenuta rispetto agli uomini (47,4%). Molto più alta invece tra le assistite la quota di coloro che sono in carico da molti anni (5 e più) palesando un maggior rischio di cronicizzazione del disagio: 30,5% a fronte del 24,5% degli uomini. Le donne dunque sembrano fare più fatica a emanciparsi da una condizione di bisogno.

Le regioni che registrano una più alta incidenza di problematiche femminili sono quelle del centro Italia (54%) seguite dal Mezzogiorno (53,7%). Scendendo nel dettaglio, primeggia in tal senso la Campania (57,0%), seguita dalla Lombardia (56,0%), dal Lazio (55,8%) e dall'Umbria (55,8%).

Tra le donne sostenute nel 2020, il 44% è coniugata. Molto più elevati invece, tra le assistite, i casi di vulnerabilità familiare: separazioni (10,9% contro il 6,7% degli uomini), divorzi (7% a fronte del 5,3%), vedovanza (8,9% contro 1,9%). Per divisione geografica, le vittime femminili sono per il 48% italiane e per il 50,3% straniere. A queste si deve aggiungere una piccola percentuale di apolidi o persone con doppia cittadinanza (1,6%). Contenuta la quota di donne senza dimora che rappresentano appena il 9,5% (tra gli uomini l'incidenza sale al 24%).

In termini di condizione professionale le donne incontrate dalla Caritas italiana risultano per lo più disoccupate (36,5%), casalinghe (23,9%) o con un impiego precario o sottoretribuito (22,2%). Si confermano le differenze legate alla cittadinanza: tra le assistite straniere risulta più alto il peso delle persone in cerca di un'occupazione (42,2% contro 30,7%) e delle occupate (25,4% contro 18,8%). Tra le italiane invece più di una persona su sei risulta pensionata (17,4%). Le donne incontrate vivono per lo più con familiari o parenti (63,7%), non sempre però con il proprio partner (lo fa solo il 47,5% di loro). Alta tra le assistite della Caritas la quota di mamme: il 75% del totale ha figli, e quasi la metà (47,9%) convive con uno o più figli minori. L'età media è di 42,5 anni per le donne straniere e 51,1 anni per quelle italiane[14].

Insomma tutti siamo chiamati a non tacere, a dare voce a chi non ha voce. C'è un Proverbio nella Bibbia che dice: «Apri la bocca in favore del muto, per sostenere la causa di tutti gli infelici; apri la bocca, giudica con giustizia, fa' ragione al misero e al bisognoso»[15].

«È in sostanza quella che papa Francesco ha definito *parresia della denuncia*, che non è mai polemica contro qualcuno, ma profezia per tutti: è proclamare la dignità umana quando è calpestata, è far udire il grido soffocato dei poveri, è dare voce a chi non ne ha. Compito della Chiesa è vigilare contro qualsiasi strumentalizzazione e denunciare ogni violenza e violazione della vita e della dignità umana. Parresia viene dal greco παρρησία, un vocabolo composto da *pan* (tutto) e *rhema* (ciò che viene detto): è cioè non solo la *libertà di dire tutto*, ma anche la franchezza nell'esprimersi, di dire ciò che si ritiene vero. Monsignor Óscar Romero, l'arcivescovo di San Salvador assassinato il 24 marzo del

[14] Ivi.
[15] Pr 31,8-9.

1980 e beatificato da papa Francesco nel 2015, diceva che "una Chiesa che non si unisce ai poveri per denunciare, partendo dalle ingiustizie che si commettono verso di loro, non è la vera Chiesa di Gesù Cristo". In questo consiste il nostro Magistero.

«Spesso noi oggi indichiamo tutto questo anche con il termine *advocacy*, che non ha un corrispettivo immediato nella lingua italiana: in genere si traduce con patrocinio, tutela, promozione; o con una perifrasi che indica l'azione di pressione per conseguire un risultato di tutela a vantaggio di una qualche condizione priva di protezione e di diritti. Questa difficoltà linguistica si amplifica nell'interrogare il magistero sociale della Chiesa a partire da questo termine. Non per l'assenza di una azione o di una elaborazione culturale nella direzione della promozione della giustizia, ma perché incrocia dimensioni costitutive dell'essere cristiani nel tempo, giunte a maturazione nel Concilio Vaticano II. Il Magistero del Concilio Vaticano II afferma, infatti, con chiarezza l'intima solidarietà della Chiesa – nell'incipit della *Gaudium et spes* – "con il genere umano e la sua storia" a partire dalla partecipazione di ogni cristiano alle "gioie e le speranze, le tristezze e le angosce degli uomini d'oggi, dei poveri soprattutto e di tutti coloro che soffrono". Questo spirito di servizio si traduce in un'azione caritativa insita nella nostra umanità. Ma dobbiamo stare attenti a non offrire come dono di carità ciò che è già dovuto a titolo di giustizia. Non dobbiamo limitarci a eliminare soltanto gli effetti, ma anche le cause dei mali. Dobbiamo fare in modo che quanti ricevono gli aiuti vengano, a poco a poco, liberati dalla dipendenza altrui e diventino sufficienti a sé stessi. Questo dice la *Gaudium et spes*. La stessa istituzione della Caritas Italiana è collocata nella stagione conciliare, in particolare all'interno del progetto pastorale di Paolo VI che intendeva sviluppare un'azione di riforma riguardo alla Chiesa in Italia. Nel suo Statuto, all'articolo 3, prevede tra i suoi compiti quello di "realizzare studi e ricerche sui bisogni per aiutare a scoprirne le cause, per preparare piani di intervento sia curativo che preventivo, nel quadro della programmazione pastorale unitaria, e per stimolare l'azione delle istituzioni civili e una adeguata legislazione"».

Stimolo monsignor Soddu con un altro testo tratto dai Proverbi: «Non derubare il povero perché povero, e non opprimere il misero alla porta della città, poiché il Signore difenderà la loro causa e spoglierà della vita chi avrà spogliato loro»[16]. Colgo nel segno. La passione del neo vescovo e il suo entusiasmo nell'affrontare le sfide ne fanno una persona speciale.

«Qui a mio avviso» dice «va sottolineato un aspetto che papa Francesco evidenzia bene nell'*Evangelii gaudium*: la responsabilità nei confronti dei fratelli, che non vuol dire solo non opprimere, non derubare, non commettere ingiustizie e angherie, ma è anche e soprattutto inerzia e omissione che diventa complicità. Al numero 211 della prima esortazione apostolica di papa Francesco si legge: "Vorrei che si ascoltasse il grido di Dio che chiede a tutti noi: 'Dov'è tuo fratello?'[17]. Dov'è il tuo fratello schiavo? Dov'è quello che stai uccidendo ogni giorno nella piccola fabbrica clandestina, nella rete della prostituzione, nei bambini che utilizzi per l'accattonaggio, in quello che deve lavorare di nascosto perché non è stato regolarizzato?". Questo per

[16] Pr 22,22-23.
[17] Gen 4,9.

far acquisire consapevolezza dell'importanza del prendersi cura. E poi a seguire sottolinea ancor di più il collegamento tra omissioni e responsabilità, riguardo a chi sperimenta fragilità, emarginazione, disagio: "Non facciamo finta di niente. Ci sono molte complicità. La domanda è per tutti! Nelle nostre città è impiantato un crimine mafioso e aberrante, e molti hanno le mani che grondano sangue a causa di una complicità comoda e muta".

«E sempre in *Evangelii gaudium*, al numero 207, ammonisce: "Qualsiasi comunità della Chiesa, nella misura in cui pretenda di stare tranquilla senza occuparsi creativamente e cooperare con efficacia affinché i poveri vivano con dignità e per l'inclusione di tutti, correrà anche il rischio della dissoluzione, benché parli di temi sociali o critichi i governi. Facilmente finirà per essere sommersa dalla mondanità spirituale, dissimulata con pratiche religiose, con riunioni infeconde o con discorsi vuoti". Ci consegna dunque come bussola due verbi: "*occuparsi* creativamente e *cooperare* con efficacia". Occuparsi creativamente dei più poveri e dei meno tutelati, ossia non in maniera estemporanea, né approssimativa e neanche ripetitiva, ma creativa, in maniera sempre nuova, dinamica, generativa. E poi cooperare, cioè *operare con*, cercando, come insegna san Paolo, ciò che ci unisce e non ciò che ci divide. In questo *occuparsi*, in questo *cooperare*, la Caritas per prima è stata chiamata ad alleviare il bisogno basilare di ognuno di noi: un bicchiere d'acqua, un tozzo di pane».

Il perdurare della fame sul pianeta si accompagna ad altri fenomeni di segno opposto, come quelli legati allo spreco di cibo, che secondo la FAO ammonterebbe approssimativamente a 1 miliardo e 300 milioni di tonnellate l'anno.

Una quantità incredibile. Ma mentre aumentano lo spreco di cibo e il numero degli affamati, aumenta anche il numero di coloro che soffrono di sovranutrizione. 800 milioni di persone nel mondo sono affamate; di queste, l'88% vive in Paesi in via di sviluppo. Mentre a Sud si muore di fame, a Nord ci si ammala di eccessi alimentari: a fronte di una popolazione mondiale di oltre 7 miliardi, si produce cibo per 12 miliardi di persone. I fenomeni di obesità e sovrappeso sono in crescita in tutti i Paesi con un conseguente incremento dei tassi di mortalità che da essi dipendono. La cosa preoccupante è che il tasso di obesità e di sovrappeso è in aumento in tutte le classi di età, anche tra i bambini molto piccoli; e in modo particolare tra i giovani e gli adolescenti, che saranno gli adulti di domani. E l'Italia non si sottrae a questa analisi.

«Nelle Scritture», dice monsignor Soddu, «il cibo come simbolo è un tema che ritorna con grande frequenza, e in esse in più punti si invita alla condivisione del cibo nel quotidiano. Nel disegno primordiale di Dio non esisteva la fame, ma l'abbondanza di frutti del Creato. Purtroppo, però, nella storia l'opera dell'uomo non è andata sempre in questa direzione. All'origine dell'assenza del cibo vi sono la cultura dello sfruttamento e la crescita delle disuguaglianze, che hanno portato tra i popoli la fame e anche gli eccessi alimentari. Secondo i nostri dati, nel 2020 quasi una persona su tre (2 miliardi e 370 milioni di persone, un dato davvero imbarazzante) non ha avuto un'alimentazione adeguata e continuativa. Nel contempo sono però cresciute le patologie da sovranutrizione come l'obesità, e rimane altissimo lo spreco alimentare. Basterebbe questo per ribadire a tutti noi, nessuno escluso, l'urgenza di una trasformazione radicale di un sistema profondamente ingiusto, a partire dalla conversione della cultura e dalla formazione, da un ripensamento dei nostri stili di vita e delle politiche sociali ed economiche, per rispondere alla domanda di papa Francesco: "Che tipo di mondo desideriamo trasmettere a coloro che verranno dopo di noi?"[18]. La proposta è quella di una "ecologia integrale, che comprenda chiaramente le dimensioni umane e sociali"[19] e si opponga alla cultura dello scarto. Nella consapevolezza che "il mercato da solo [...] non garantisce lo sviluppo umano integrale e l'inclusione sociale"»[20].

La fame non è quindi causata dall'insufficienza, ma dalla cattiva distribuzione del cibo e dal suo spreco. Anche in Italia il trend dell'obesità è in crescita, soprattutto tra i più piccoli, ed è influenzato da diversi fattori, quali la povertà del sistema educativo, anche a livello familiare; gli orari di lavoro dei genitori che costringono i ragazzi a lunghe ore di solitudine; l'aggressività delle campagne commerciali per alimenti ricchi di grassi; non ultima, anche la situazione di lockdown. L'obesità comporta conseguenze negative non solo su stili, qualità e durata della vita, ma anche sulla spesa sanitaria, come è evidente se si considera che l'8% del costo totale della sanità in Italia è riferito a questa patologia.

«Purtroppo però oltre a questi eccessi anche in Italia sperimentiamo situazioni di deprivazione», denuncia monsignor Soddu. «Nel nostro Paese non è in atto un'emergenza alimentare in senso stretto imputabile a una riduzione delle quantità di cibo disponibile, quanto un'emergenza economica che, a causa di una riduzione generale dei con-

[18] *Laudato si'*, n. 160.
[19] Ibidem, n. 137.
[20] Ibidem, n. 109.

sumi, sta determinando significative conseguenze anche sul fronte alimentare. L'aumento di persone che richiedono aiuti alimentari è sintomo di un problema anzitutto di natura economica, sicuramente aggravato dalla pandemia. Poiché alcuni costi sono difficilmente comprimibili – le bollette, l'affitto, le rate di un debito o di un mutuo – per far quadrare le spese si taglia laddove, pur con sofferenza, si può tagliare: istruzione, salute e, appunto, cibo. E così sempre più persone, strette nella morsa della crisi, rinunciano in toto o in parte agli acquisti alimentari, rivolgendosi poi a enti caritatevoli per sopperire a queste mancanze. Superare lo scandalo della fame è la sfida che abbiamo di fronte per dare sostanza al nostro impegno in favore della dignità della persona umana. Occorre cioè rimettere al centro le relazioni tra gli uomini, fondandole sul riconoscimento della dignità umana come codice assoluto, che richiama a una responsabilità, diretta e indiretta, nella cura di tali relazioni. La sfida è innanzitutto educativa e culturale e poi certo anche politica o meglio di politiche. Una sfida che deve tener conto della complessità dei fenomeni globali, che parte dal volto di chi è *rimasto impoverito* e dalle attenzioni concrete nei suoi confronti. Per educare attraverso le opere è indispensabile che le opere siano da un lato buone, cioè di qualità, e dall'altro che vi sia la capacità di valorizzarle educativamente, connettendole alle problematiche e ai fenomeni locali e globali che attengono allo sviluppo degli individui, delle comunità dei popoli e dell'umanità intera».

«Un uomo è una città, e una città sono le viscere di un uomo messe allo scoperto», scrive Luis Martín-Santos Ribera, psichiatra e scrittore spagnolo, famoso per il romanzo

Tempo di silenzio[21] che segna l'avvio del rinnovamento della narrativa spagnola dell'epoca. Il romanzo è ambientato nella Madrid di fine anni Quaranta. Il protagonista è Pedro, un giovane e ambizioso ricercatore medico che, per svolgere le sue ricerche sul cancro, mira a entrare in possesso di un particolare ceppo di topi, finiti nelle mani di esponenti della malavita madrilena. Con il suo aiutante Amador si spingerà nelle baraccopoli della capitale, scoprendo un universo inquietante e squallido, ma conoscerà anche i diversi ambienti sociali di Madrid. Una serie di vicende in cui sarà coinvolto lo lascerà alla fine solo, sconfitto e inerte di fronte alle difficoltà della vita. La fame, la povertà, le diseguaglianze: sono cose che cambiano l'anima, che cambiano dentro. Perché tolgono il respiro anche all'anima, l'annientano, l'umiliano[22].

«Certo», ammette il direttore della Caritas Italia e ora vescovo di Terni. «Ma quando parliamo di povertà nelle nostre città, nei diversi contesti territoriali, è comunque importante avere presente un triplice volto:

– una povertà generata da una non-risposta a bisogni primari, quali cibo, vestiti, salute, casa, lavoro, studio: è la povertà che conosciamo meglio, che incontriamo frequentemente e su cui siamo attivi. Questa è una povertà in crescita che sta intaccando, in modo crescente, interi nuclei familiari;

– una povertà generata da una non-risposta ai bisogni relazionali a causa della solitudine, dell'abbandono, della trascuranza, della dimenticanza (anziani, malati mentali, carcerati, handicappati, immigrati, famiglie monoparen-

[21] Feltrinelli, Milano 1970.
[22] Ivi.

tali, minori, adolescenti e tanto altro). È una povertà che generalmente non ha bisogno di risposte materiali ma di presenze e di interventi che facilitino l'appartenenza, la buona relazione, la socialità;

– una povertà generata dal non-senso, non-significato e da non-valore dato alla propria e altrui vita (forme di autodistruzione: droga, alcol, bulimia, anoressia, eccessi di velocità, spericolatezze, gioco d'azzardo, shopping compulsivo, eccesso di esercizio fisico, dipendenza da lavoro, *cyberdipendenza*, bisogno compulsivo di collegarsi alla rete telematica e di utilizzarne i servizi, e tanto altro).

«Occorre inoltre essere consapevoli che, a differenza di quanto accadeva fino a un recente passato, oggi il concetto di fragilità/povertà è un concetto "contenitore", in grado di descrivere bene la generalità del rischio di povertà e di marginalità sociale in cui si trova o può venirsi a trovare ogni persona, indipendentemente dal ceto sociale. In altri termini la povertà è un insieme di storie, volti, situazioni che vanno al di là dei numeri, delle percentuali, dei dati di cui pure abbiamo ricordato l'utilità.

«Proprio con il Concilio il principio astratto della povertà si avvia a diventare un principio storico, concreto, quotidiano, poiché si comincia a parlare con insistenza di Chiesa dei poveri. Una Chiesa che si fa prossima ai poveri concreti, bisognosi, emarginati sui quali saremo esaminati nell'ultimo giorno (Matteo 25). Ce lo ricorda anche papa Francesco con il suo desiderio espresso in modo chiaro già nel primo incontro con la stampa internazionale e confermato a partire dalla scelta del suo stesso impegnativo nome: "Come vorrei una Chiesa povera e per i poveri". Ma si tratta del convergente desiderio di milioni di cattolici che sperano e operano in tante parti del mondo perché, rispetto alla povertà e al denaro, la Chiesa si conformi sempre più al Vangelo. In quest'ottica i poveri e la povertà ci permettono di vivere l'essenza del Vangelo, ripensando i nostri stili di vita, rimettendo al centro le relazioni fondate sul riconoscimento della dignità umana come codice assoluto.

«Non dimentichiamo mai che la povertà è anche un atteggiamento di vita del cristiano: è la disponibilità di un'anima aperta a Dio e alla speranza. Gesù offre una bellissima illustrazione di questa dimensione della speranza nel discorso delle Beatitudini. Qui la speranza assume la forma della consolazione per i fragili, per "quelli a cui la terra non ha dato felicità; e siamo noi tutti", diceva Paolo VI[23]. Quelli specialmente i cui desideri furono ingiustamente delusi, quelli che sperarono invano il loro pane, la loro pace, il loro onore, il loro amore: le beatitudini del Vangelo sono per i poveri, i piangenti, gli umiliati, gli infelici. La speranza cristiana è il grande conforto per il dolore del mondo».

Purtroppo, ogni giorno i fronti della sofferenza e della disperazione sono sempre più numerosi. E la speranza a volte vacilla davanti alla fatica, spesso all'impossibilità di trovare soluzioni e di farsi carico dei volti della povertà. Ma la speranza non si alimenta con il dolore e con lo sconforto ma con la credibilità. E per essere credibili non bastano le parole, servono i fatti. I fatti sono una delle poche cose capaci di "bucare" l'assenza di speranza. Occorrono dunque persone e comunità consapevoli e appassionate del proprio tempo. Che partono da realtà anche piccole, ma che sono capaci di provocare, di moltiplicare attenzioni, azioni, cambiamenti.

[23] Paolo VI, Radiomessaggio di pace e di unità a tutti i popoli, 23 dicembre 1963.

«Papa Francesco», dice Soddu, «nel Messaggio per la Giornata mondiale dei Poveri 2021 ha dato un titolo citando il vangelo di Marco: "I poveri li avete sempre con voi"[24].

«"I poveri di ogni condizione e ogni latitudine" – sottolinea il Papa – "ci evangelizzano, perché permettono di riscoprire in modo sempre nuovo i tratti più genuini del volto del Padre". E aggiunge il Pontefice: "Non possono essere solo coloro che ricevono, devono essere messi nella condizione di poter dare, perché sanno bene come corrispondere. Quanti esempi di condivisione sono sotto i nostri occhi! I poveri ci insegnano spesso la solidarietà e la condivisione"[25].

«Troppo spesso ci dimentichiamo dei poveri in carne e ossa. Troppe volte trascuriamo di metterci nella pelle dei poveri, di stare dalla parte dei poveri e troppo spesso ci si ricorda di loro solo in maniera strumentale. Al contrario, quello che dobbiamo fare è occuparci sapientemente dei poveri. Il Santo Padre nel discorso per la celebrazione del 50° anniversario della nascita di Caritas Italiana ci ha consegnato un monito molto forte: "Se noi non siamo capaci di guardare negli occhi i poveri, di guardarli negli occhi, di toccarli con un abbraccio, con la mano, non faremo nulla. È con i loro occhi che occorre guardare la realtà, perché guardando gli occhi dei poveri guardiamo la realtà in un modo differente da quello che viene nella nostra mentalità"»[26].

[24] Mc 14,7.
[25] Papa Francesco, Messaggio per la V Giornata mondiale dei poveri, 14 novembre 2021.
[26] Papa Francesco, Discorso ai membri della Caritas italiana nel 50° di fondazione, 26 giugno 2021.

I BAMBINI, LE PRIME VITTIME

«È inaccettabile che i bambini continuino a morire per cause prevenibili, come la polmonite, la malaria, il morbillo e la denutrizione».

Lo affermava nel 2009 l'allora direttrice generale dell'UNICEF[1] Ann Margaret Veneman. «Molti bambini del mondo non andranno mai a scuola, e a milioni di bambini mancherà la protezione adeguata contro la violenza, l'abuso, lo sfruttamento, la discriminazione e l'abbandono». E così concludeva il suo intervento nel rapporto UNICEF sulla condizione dell'infanzia nel mondo: «La grande sfida dei prossimi vent'anni è quella di mettere al centro di ogni attività umana il superiore interesse dei bambini. È una nostra responsabilità collettiva tutelare i diritti di ogni bambino per garantire sopravvivenza, sviluppo, tutela e partecipazione»[2].

[1] L'UNICEF è un organismo creato dalle Nazioni Unite l'11 dicembre 1946 come Fondo di emergenza per assistere i bambini dei Paesi europei (Italia inclusa) nel periodo immediatamente successivo alla conclusione della Seconda guerra mondiale. Nel 1953 è divenuto un organismo permanente con un mandato rivolto all'infanzia e all'adolescenza di Africa, Asia e America latina. L'UNICEF è parte integrante dell'Organizzazione delle Nazioni Unite e opera oggi in 190 Paesi e territori sia in via di sviluppo (con programmi di assistenza diretta all'infanzia) che industrializzati. Nel 2021 ha compiuto 75 anni e ha come missione quella di «aiutare, cooperando con altri, a superare gli ostacoli che povertà, violenza, malattie e discriminazioni impongono alla vita di un bambino».

[2] Ann Margaret Veneman, *Cover nutrition report*, Roma, 11 novembre 2009.

Undici anni dopo, la nuova direttrice generale, Henrietta Fore, rivolgendosi ai dipendenti dell'UNICEF scrive: «Se una persona non viene trattata con rispetto, dignità e imparzialità a causa delle sue origini e della sua identità, perdiamo tutti un pezzo della nostra umanità. Non possiamo più tacere quando assistiamo a ingiustizie dovute alle origini o all'identità delle persone».

Parlava di razzismo, la Fore, rifacendosi a un discorso pronunciato nel settembre del 2019 per celebrare i 30 anni della Convenzione sui diritti dell'infanzia e dell'adolescenza[3], il trattato sui diritti umani più ratificato al mondo. E individuava le sfide più importanti da affrontare: i conflitti protratti nel tempo; il peggioramento della crisi climatica; un crescente livello di malattie mentali tra i giovani, e la non corretta informazione online. Queste, secondo Henrietta Fore, oggi come ieri, sono alcune delle minacce globali più preoccupanti per i bambini. Oltre alle sfide già esistenti come l'accesso all'istruzione, la povertà, la disuguaglianza, la discriminazione.

«La vostra generazione, quella dei bambini di oggi – sostiene la Fore – si trova ad affrontare una serie di sfide e di cambiamenti globali che erano inimmaginabili. Il nostro clima sta cambiando oltre la nostra immaginazione. Le disuguaglianze si stanno acuendo. La tecnologia sta trasformando il modo in cui percepiamo il mondo. Più famiglie che mai stanno migrando. L'infanzia è cambiata, e dobbiamo cambiare i nostri approcci insieme a essa».

Secondo i dati UNICEF, nel mondo, la malnutrizione colpisce ancora oggi quasi 200 milioni di bambini. E a pian-

[3] Henrietta Fore, *Lettera aperta per celebrare i 30 anni della Convenzione ONU sui diritti dell'infanzia e dell'adolescenza*, New York, 18 settembre 2019.

gerne le conseguenze sono sempre le popolazioni più povere. Con la pandemia, l'UNICEF ha lanciato un nuovo allarme a causa dell'impatto socio-economico del Covid-19 che rischia di aggravare la malnutrizione acuta dei bambini.

I bambini che soffrono di malnutrizione acuta grave spesso sono associati a un'emergenza umanitaria. Oggi la crisi pandemica si somma ad altre gravissime emergenze, come in Yemen o in Siria dove anni di guerra hanno ridotto allo stremo la popolazione. In questi luoghi la povertà non è solo privazione, ma anche isolamento.

«Attualmente», dice la Fore, «un bambino su quattro vive in Paesi colpiti da violenti combattimenti o disastri. Ventotto milioni sono i bambini cacciati dalle loro case dalle guerre e dall'insicurezza. I conflitti e le catastrofi naturali hanno già interrotto l'apprendimento di 75 milioni di bambini e di giovani».

Secondo l'ultimo Rapporto annuale del segretario generale dell'ONU su minorenni e conflitti armati, nel 2020 le Nazioni Unite hanno verificato gravi violazioni contro più di 19mila bambini in situazioni di emergenza umanitaria, molti dei quali hanno subìto più di una violazione dei loro diritti. Migliaia di bambini sono stati uccisi o mutilati, reclutati e utilizzati nei combattimenti; rapiti, vittime di abusi sessuali e sfruttati. In media, negli ultimi cinque anni, le Nazioni Unite hanno verificato che ogni giorno almeno 70 bambini subiscono gravi violazioni dei loro diritti.

Aprendo il dibattito del Consiglio di sicurezza su bambini e conflitti armati, la Fore ha denunciato che in realtà «...i numeri reali sono molto più alti. Difatti ogni caso citato si aggiunge alle oltre 250mila violazioni registrate dall'inizio del meccanismo di monitoraggio, secondo cui per i bambini che vivono nei 21 conflitti indicati nel rapporto, le sfide della vita quotidiana con il Covid-19 vengono amplificate. E creano così la chiusura delle scuole, l'aumento dei rischi di violenza, gli abusi durante i periodi di chiusura, gli impatti sulla salute mentale, la separazione dai loro amici e coetanei, e il lavoro minorile. Il tutto sullo sfondo di conflitti prolungati e di una crisi socioeconomica globale che minaccia di far retrocedere decenni di progresso e di aumentare il rischio di reclutamento e utilizzo dei bambini»[4].

Così l'UNICEF ha chiesto di prevenire la violenza di genere nei conflitti. Il rapporto mostra un aumento sconcertante dei casi verificati di stupro, violenza sessuale e rapimento. Le ragazze non solo sono state vittime di un quarto di tutte le violazioni, ma hanno rappresentato il 98% delle vittime di stupro e violenza sessuale.

«I bambini e i giovani non sono responsabili dei conflitti», denuncia la Fore. «Eppure, portano le cicatrici più profonde, pagano il prezzo più alto».

Poi ci sono gli shock climatici, la pandemia, la carenza di acqua, l'inquinamento dell'aria che stanno peggiorando le prospettive nutrizionali di milioni di bambini e di giovani, soprattutto i più vulnerabili.

Già nel 2017 circa 300 milioni di bambini vivevano in aree con livelli di inquinamento atmosferico estremo sei o più volte superiori alle linee guida internazionali, cosa che contribuiva alla morte di circa 600mila bambini sotto i 5 anni. Entro il 2040, un bambino su quattro vivrà in aree di estremo stress idrico e migliaia si ammaleranno a causa dell'acqua inquinata.

[4] Henrietta Fore, *Consiglio di sicurezza su bambini e conflitti armati*, New York, giugno 2021.

«Il nostro clima sta cambiando oltre la nostra immaginazione» sostiene Henrietta Fore. «Le disuguaglianze si stanno approfondendo. La tecnologia sta trasformando il modo in cui percepiamo il pianeta. Oggi sono tantissime le famiglie che stanno migrando, molto più degli anni precedenti. L'infanzia è cambiata, e dobbiamo cambiare i nostri approcci insieme a essa».

Le disuguaglianze legate alle migrazioni sono in costante crescita. Si stima che nel mondo circa 30 milioni di bambini si sono spostati oltre i confini. E da questo derivano altri drammi come l'identità legale e la salute mentale. Un quarto dei bambini nati oggi – si parla di quasi 100mila creature – potrebbe non avere mai un certificato di nascita ufficiale o i requisiti per un passaporto. Solo in Siria e in Iraq l'UNICEF stima che ci siano quasi 30mila bambini stranieri che potrebbero non avere documentazione legale, rischiando di diventare *invisibili* e *apolidi*, condizioni di chi è privo di qualunque cittadinanza.

E poi la salute mentale: un tema da non sottovalutare, ma che anzi negli ultimi anni, con il divampare dei tanti conflitti e soprattutto della pandemia da Covid-19, ha assunto toni allarmanti. I disturbi mentali tra i minori di 18 anni sono aumentati costantemente negli ultimi trent'anni e la depressione è ora tra le principali cause di disabilità nei giovani. L'Organizzazione Mondiale della Sanità stima che 62mila adolescenti sono morti a causa di autolesionismo, che è ora la terza causa di morte per gli adolescenti di età compresa tra i 15 e i 19 anni.

Secondo gli ultimi sondaggi dell'UNICEF dell'ottobre 2021, sono 46mila gli adolescenti che muoiono a causa di suicidio ogni anno – più di uno ogni 11 minuti –, una fra le prime cinque cause di morte per la loro fascia d'età.

Secondo le stime disponibili contenute nel nuovo rapporto UNICEF (*La condizione dell'infanzia nel mondo – Nella mia mente: promuovere, tutelare e sostenere la salute mentale dei bambini e dei giovani*) più di un adolescente su sette tra i 10 e i 19 anni convive con un disturbo mentale diagnosticato; tra questi, 89 milioni sono ragazzi e 77 milioni sono ragazze; 86 milioni hanno fra i 15 e i 19 anni, e 80 milioni tra i 10 e i 14 anni. L'ansia e la depressione rappresentano il 40% dei disturbi mentali diagnosticati. In percentuale i tassi di problemi diagnosticati sono più alti in Medio Oriente e Nord Africa, in Nord America e in Europa Occidentale.

Il suicidio è una fra le prime cinque cause di morte. Per le ragazze fra i 15 e i 19 anni è la terza causa di morte più comune, mentre per i ragazzi nella stessa fascia di età è la quarta. In Europa occidentale diventa la seconda causa di morte fra gli adolescenti fra i 15 e i 19 anni, con 4 casi su 100mila, dopo gli incidenti stradali (5 casi su 100mila). Secondo quanto emerso dalla ricerca, i bambini e i giovani potrebbero sentire per molti anni a venire l'impatto del Covid-19 sulla loro salute mentale e sul loro benessere[5].

Intanto persistono ampi divari tra le necessità in materia di salute mentale e i finanziamenti dedicati. Secondo il rapporto UNICEF, a livello globale, agli interventi per la salute mentale viene destinato circa il 2% dei fondi governativi per la salute.

«Sono stati diciotto lunghi mesi per tutti noi, specialmente per i bambini», sostiene la Fore. «Con i lockdown e le restrizioni di movimento legate alla pandemia, i bambini hanno trascorso anni incancellabili della loro vita lontano dalla famiglia, dagli amici, dalle aule, dal gioco – elemen-

[5] UNICEF, Rapporto su *La condizione dell'infanzia nel mondo*, 2021.

ti chiave dell'infanzia stessa. L'impatto è significativo, ed è solo la punta dell'iceberg. Anche prima della pandemia, troppi bambini erano gravati dal peso di problemi di salute mentale non affrontati. I governi stanno investendo troppo poco per affrontare questi bisogni fondamentali. Non viene data abbastanza importanza alla relazione tra la salute mentale e le conseguenze future sulla vita»[6].

L'interruzione della routine, dell'istruzione, delle attività ricreative, così come la preoccupazione per il reddito familiare e la salute, rende molti giovani spaventati, arrabbiati e preoccupati per il loro futuro. Sebbene l'impatto sulla vita dei bambini sia incalcolabile, una recente analisi della London School of Economics presente nel rapporto UNICEF indica che il mancato contributo alle economie, a causa dei problemi di salute mentale che portano a disabilità o morte tra i giovani, è stimato in quasi 390 miliardi di dollari all'anno[7].

«La salute mentale è una parte della salute fisica, non possiamo permetterci di continuare a vederla in altro modo», sostiene la Fore. «Per troppo tempo, sia nei Paesi ricchi che in quelli poveri, abbiamo visto troppo poca comprensione e troppo pochi investimenti per massimizzare il potenziale di ogni bambino. Tutto questo deve cambiare».

Quella attuale è una crisi universale e, per alcuni bambini, l'impatto sarà permanente. I bambini non sono il volto di questa pandemia. Ma rischiano di essere tra le sue maggiori vittime, poiché le vite dei bambini stanno comunque

[6] Henrietta Fore, *Consiglio di sicurezza su bambini e conflitti armati*, cit.

[7] La Scuola di economia e scienze politiche di Londra è una scuola specializzata nelle scienze sociali dell'Università di Londra.

cambiando in modo profondo. Tutti i bambini, di tutte le età e in tutti i Paesi sono interessati in particolare dagli impatti socio-economici e, in alcuni casi, da misure di mitigazione che possono inavvertitamente fare più male che bene. Si prevede che altri 140 milioni di bambini nei Paesi in via di sviluppo saranno in famiglie che vivono al di sotto della soglia di povertà. Circa 150 milioni di bambini in più vivono in condizioni di povertà multidimensionale, senza accesso ai servizi essenziali. Almeno 463 milioni di bambini in tutto il mondo non sono stati in grado di accedere all'apprendimento a distanza durante la chiusura delle scuole per l'emergenza Covid-19 nel 2020. E – secondo i dati forniti nel 2020 da OMS, UNICEF, GAVI[8] e Sabin Vaccine Institute – nei prossimi dodici mesi potrebbero verificarsi quasi 200mila ulteriori casi di bambini nati morti per l'impatto del Covid-19; e circa 80 milioni di bambini di età inferiore a un anno in almeno 68 Paesi potrebbero non ricevere vaccini salvavita. Inoltre, se i servizi di prevenzione venissero interrotti per sei mesi, altri 124mila bambini potrebbero essere infettati dall'HIV.

Il pericolo è che gli effetti dannosi di questa pandemia non saranno distribuiti equamente. Si prevede che saranno più dannosi per i bambini dei Paesi e dei quartieri più poveri, e per coloro che si trovano già in situazioni svantaggiate o vulnerabili.

Insomma il numero di bambini che vivono nelle famiglie in situazione di povertà aumenterà entro la fine dell'anno.

[8] GAVI, *the Vaccine Alliance* è una partnership pubblico-privata creata nel 2000 allo scopo di diffondere nei Paesi poveri i programmi di immunizzazione e accelerare l'accesso ai nuovi vaccini. Rappresenta un modello unico di sviluppo, le cui finalità non si limitano alla mobilitazione delle risorse, ma anche a favorire un sistema sostenibile di immunizzazione in modo da dare la possibilità ai Paesi, una volta concluso il supporto, di poter affrontare da soli spese e distribuzione.

E questo non accadrà soltanto nei Paesi a medio e basso reddito, ma anche nei cosiddetti Paesi ricchi, come l'Italia.

Carmela Pace è la nuova presidente di UNICEF Italia, la prima donna a ricoprire questo incarico. La sua attività è frenetica per far fronte all'emergenza-povertà, che nella penisola è tornata a crescere e oggi conta quasi 6 milioni di persone in *povertà assoluta*.

Stando ai calcoli ISTAT, questo valore confermerebbe il calcolo dei 1730 euro minimi necessari per poter vivere in una grande città del Nord, al di sotto dei quali si ricade nella soglia di povertà. Il valore minimo scende se ci si sposta nelle periferie o nelle città con meno di 50mila abitanti. Negli ultimi dieci anni la povertà è raddoppiata. Un residente su dodici è in povertà assoluta, uno su cinque è a rischio povertà.

Secondo l'OCSE – l'Organizzazione per la cooperazione e lo sviluppo economico, che fra i principali compiti ha quello di assistere i suoi membri nel favorire una crescita economica sostenibile nello sviluppo dell'occupazione e del benessere – in Italia un adulto fra i 18 e i 59 anni (cioè nel pieno dell'età lavorativa) è in povertà assoluta se guadagna meno di 820 euro netti al mese se vive in una città del Nord; 733 se vive in provincia al Nord; 554 euro netti al mese se vive in provincia al Sud. La maggior parte di coloro che vivono in condizioni di povertà assoluta risiede nel Mezzogiorno. Sono ben il 56,1% del totale. Al Nord le persone povere sono 1.832.000 e le famiglie povere 609mila; al Centro le persone povere sono 891mila, le famiglie 311mila; al Sud 2.038.000 sono le persone povere, 700mila le famiglie.

In sintesi è povero un italiano su dodici. E i giovani di oggi sono più poveri dei loro genitori.

I bambini delle famiglie più povere hanno una maggiore probabilità di fallimento scolastico, di abbandonare precocemente la scuola e di non raggiungere mai livelli minimi di apprendimento. Così, senza l'opportunità di sviluppare i propri talenti, soffriranno probabilmente la privazione economica e sociale anche da adulti.

E poi ci sono i problemi legati all'alimentazione, alla malnutrizione, alla denutrizione.

Le diete di scarsa qualità sono uno dei maggiori ostacoli alla sopravvivenza, alla crescita, allo sviluppo e all'apprendimento dei bambini di oggi. La posta in gioco è più alta nei primi due anni di vita, quando un'assunzione alimentare insufficiente di nutrienti può danneggiare irreversibilmente il corpo e il cervello di un bambino in rapida crescita. Durante il periodo cruciale in cui i bambini iniziano a passare ai cibi solidi, solo uno su tre viene nutrito con una dieta sufficientemente varia per crescere bene.

Il *Flagship Child Nutrition Report* dell'UNICEF del 2021 (Rapporto di punta sulla nutrizione infantile) presenta l'aggiornamento più completo sulle diete dei bambini. Il rapporto denuncia che il mondo non riesce a nutrire i propri bambini. Attualmente, il 27% dei bambini di età compresa tra 6 e 8 mesi non riceve cibo solido. Tra i bambini di età compresa tra 6 e 23 mesi, il 48% non riceve il numero minimo di pasti raccomandato, e il 71% non segue diete minimamente diversificate. Inoltre, la scarsa qualità dell'alimentazione dei bambini è continua e ha mostrato miglioramenti scarsi o nulli nell'ultimo decennio.

Carmela Pace osserva i dati italiani. «Secondo l'ultimo rapporto lanciato dall'UNICEF, *Fed to Fail*, nel nostro Paese, nel 2016, l'1% dei bambini fra i 5 e i 19 anni era troppo magro. Una percentuale che può sembrare ridotta, soprattutto rispetto a quelle dei Paesi più poveri del mondo, ma che non dobbiamo affatto sottovalutare. Basti pensare che, secondo l'ISTAT, nel 2020, poco più di due milioni di famiglie e oltre 5 milioni e 600mila persone sono in condizione di povertà assoluta, mentre la povertà relativa ne colpisce poco più di 2 milioni e mezzo. I bambini e gli adolescenti minorenni in povertà assoluta sono 1 milione e 300mila, il 13,5%. L'incidenza varia dal 9,5% del Centro al 14,5% del Mezzogiorno. Bisogna riflettere su questi dati, investire nel benessere dei nostri bambini, perché investire nei bambini significa investire nel futuro»[9].

La *povertà assoluta* è legata alle necessità fisiologiche di base: bisogni primari, minimo vitale, fabbisogno nutrizionale minimo, disponibilità di beni e servizi essenziali per la sopravvivenza. La *povertà relativa* è un parametro statistico che esprime le difficoltà economiche nella fruizione di beni e servizi, riferita a persone o ad aree geografiche, in rapporto al livello economico medio di vita dell'ambiente o della nazione in cui si vive. *L'indice della povertà multidimensionale globale* (MPI), prodotto dal Programma delle Nazioni Unite per lo sviluppo (UNDP) e dall'Iniziativa per la povertà e lo sviluppo umano di Oxford, misura la povertà considerando varie privazioni subite dalle persone nella loro vita quotidiana, tra cui cattive condizioni di salute, istruzione insufficiente e standard bassi di vita.

Nel mondo, 50 milioni di bambini sotto i 5 anni sono deperiti perché troppo magri per la loro altezza. Le condizioni dei bambini che soffrono di malnutrizione acuta

[9] UNICEF, *Fed to Fail*, rapporto 2021.

grave spesso sono associate a un'emergenza umanitaria. Nonostante i progressi globali, solo un bambino su quattro riceve cure per la malnutrizione acuta grave. L'Italia è un Paese un po' più fortunato. Ma la carenza alimentare e la cattiva alimentazione minano una crescita fisiologica anche a causa della pandemia. Il sovrappeso e l'obesità sono in aumento in tutti i continenti.

«Malnutrizione non è un sinonimo di denutrizione», precisa Carmela Pace, «ma nasconde tre aspetti che rappresentano a tutto tondo la salute dei bambini: malnutrizione cronica, malnutrizione acuta e sovrappeso. Sempre secondo il rapporto *Fed to Fail*, in Italia il 37% dei bambini è in sovrappeso, un dato in spaventoso aumento, che dovrebbe farci riflettere sulla qualità del cibo che diamo ai nostri bambini. Dobbiamo fare attenzione soprattutto ai primissimi giorni di vita, perché attraverso l'allattamento è possibile salvare vite. Per esempio, a livello mondiale, nel 2019, solo il 42% dei bambini sotto i 6 mesi veniva esclusivamente allattato, mentre cresceva il numero di bambini che ricevevano sostituti del latte materno. Secondo uno studio su diversi Paesi in Europa, i bambini allattati per almeno sei mesi corrono rischi molto minori di obesità rispetto a un bambino mai allattato o allattato per un periodo più breve. Dei ventidue Paesi dell'area europea, Italia e Malta risultano tra quelli con la più alta prevalenza di obesità tra i bambini che non sono mai stati allattati: più di un bambino su 5 o il 21,2%, seguiti dalla Spagna con il 21%.

«Secondo l'analisi del 2020 del Gruppo di lavoro per la Convenzione sui diritti dell'infanzia e dell'adolescenza, in Italia i bambini allattati in maniera esclusiva a 4-5 mesi di età compiuta sono meno di un quarto (23,6%). Analizzando il proseguimento dell'allattamento, la prevalenza di bambini che assumono latte materno a 12-15 mesi d'età compiuta risulta pari al 31,3%. E l'11,7% dei bambini non è mai stato allattato.

«Le vendite di prodotti a base di latte in polvere sono cresciute del 72% tra il 2008 e il 2013 nei Paesi a reddito medio-alto come Brasile, Cina e Turchia, principalmente a causa di marketing inappropriato e a scarse politiche e programmi finalizzati a proteggere, promuovere e supportare l'allattamento», denuncia la Pace. «Inoltre, nella transizione dei bambini al cibo soffice o al solido attorno ai sei mesi, troppi sono introdotti a una dieta sbagliata. Nel mondo, circa il 45% dei bambini tra i sei mesi e i due anni non riceve frutta o verdure. Circa il 60% non mangia uova, latticini, pesce o carne. Quando i bambini crescono, la loro esposizione a cibi non salutari diventa allarmante, principalmente a causa di marketing e pubblicità inappropriate, di abbondanza di cibi iper-processati nelle città ma anche in aree remote, e di un accesso ai *fast-food* e a bevande altamente zuccherate in aumento. Per esempio, il 42% degli adolescenti in età scolastica in Paesi a basso e medio reddito consuma bibite zuccherate gassate almeno una volta al giorno e il 46% mangia cibo da *fast food* almeno una volta a settimana. Questi tassi aumentano al 62% e al 49%, rispettivamente, per gli adolescenti nei Paesi ad alto reddito.

«La Convenzione sui diritti dell'infanzia e dell'adolescenza prevede all'articolo 24 che tutti i bambini e le bambine godano del miglior stato di salute possibile e prevede esplicitamente la lotta alle malattie e alla malnutrizione. Per questo anche in Italia l'UNICEF opera affinché ogni bambina e ogni bambino possano godere di questo diritto. In particolare, attraverso il Programma Ospedali e Comunità amiche dei bambini, lavoriamo per la creazione di servizi sanitari volti a migliorare le pratiche di assistenza alla mamma e al bambino, rendendo protagonisti i genitori e sostenendoli nelle scelte per l'alimentazione e la cura dei propri bambini. Il programma si inserisce nell'obiettivo globale di una più corretta alimentazione del bambino, perché tutte le madri dovrebbero ricevere informazioni corrette e indipendenti sui benefici dell'allattamento, in modo da poter operare una scelta consapevole».

Un bambino su due – sotto i cinque anni – soffre di carenze di vitamina A e minerali essenziali. Di questi, il 76% dei bambini che vivono in Africa centrale, il 69% dei bambini che vivono in Africa orientale e il 64% di quelli che vivono in Asia centro-meridionale: sono 340 milioni di bambini. Nel mondo, due bambini su tre, fra i sei mesi e i due anni, non seguono una dieta utile a supportare il rapido sviluppo del corpo e del cervello. In Guinea l'85% dei bambini non riceve alcun tipo di frutta e verdura.

«In Italia», prosegue la presidente Pace, «secondo l'ISTAT, nel 2020 il 51% dei bambini fra i 3 e i 5 anni mangia snack almeno qualche volta a settimana e il 71% dolci almeno qualche volta a settimana. Un dato che aumenta nella fascia di età 6-10 anni (rispettivamente il 59% e il 75%) per poi diminuire costantemente. Solo il 31% di bambini fra i 3 e i 5 anni mangia verdura almeno una volta al giorno, mentre tra i 35 e i 44 anni questa percentuale aumenta al 50% e fra i 60 e i 64 anni al 56%. È evidente che i nostri figli mangiano peggio di come mangiamo noi, e questo è un dato inspiegabile. Nei nostri primi anni di vita creiamo le fondamenta del nostro futuro ed è fondamentale che i bambini abbiano un'alimentazione sana ed equilibrata»[10].

[10] ISTAT, *Stili di vita di bambini e ragazzi*, Rapporto 2021.

Un altro fattore che porta alla malnutrizione sono i tassi di sovrappeso e di obesità, più alti nelle famiglie povere anche nelle aree più ricche come gli USA e il Regno Unito. Gli alimenti di origine animale come carne e latticini sono fondamentali per i bambini tra i 6 e i 23 mesi. Ma mentre nei Paesi ad alto reddito i cibi di origine animale sono solo da uno a quattro volte più costosi dei prodotti contenenti amidi, in Africa sub-sahariana sono 10 volte più costosi. L'Italia è in prima fila per aiutare i Paesi più a rischio.

«La malnutrizione infantile», prosegue con passione Carmela Pace, «è la violazione di un diritto umano fondamentale del bambino e uno dei principi stabiliti dalla Convenzione ONU sui diritti dell'infanzia e dell'adolescenza: quello alla sopravvivenza e allo sviluppo. La malnutrizione non è limitata alla mancanza di cibo, ma è una combinazione di fattori: scarsità di proteine, micronutrienti e calorie; alta frequenza di infezioni e altre malattie; ignoranza dei genitori in ambito nutrizionale; inadeguatezza dei servizi sanitari; scarso accesso all'acqua potabile e all'igiene, emergenze improvvise o protratte nel tempo.

«L'Italia si è impegnata a contribuire al raggiungimento entro il 2030 degli Obiettivi di sviluppo sostenibile. L'obiettivo numero 2 prevede di azzerare la fame nel mondo e, in particolare, raggiungere entro il 2025 i livelli stabiliti a livello internazionale su malnutrizione cronica e acuta dei bambini di età compresa tra 0 e 5 anni.

«Quasi metà della mortalità infantile nel mondo è correlata, direttamente o indirettamente, alla malnutrizione: oltre 2 milioni e 600mila bambini ogni anno perdono la vita prima del 5° compleanno per cause legate alla malnutrizione. Solo una piccola parte di questi decessi è per fame innescata da carestie o guerre. Nell'assoluta maggioranza dei casi, la malnutrizione agisce in modo più sottile: ritardando la crescita, privando l'organismo di vitamine e minerali indispensabili, e rendendolo più vulnerabile alle malattie.

«La sicurezza alimentare è tradizionalmente un ambito di intervento prioritario nella Cooperazione allo sviluppo dell'Italia: sia in ambito bilaterale nell'aiuto diretto ai Paesi, sia in ambito multilaterale attraverso il finanziamento di Fondi e Programmi delle Nazioni Unite. Per la prima volta, nel 2021, il G20 a presidenza italiana ha affrontato il tema dell'insicurezza alimentare rispecchiata nella Dichiarazione di Matera del giugno 2021. Si tratta di un segnale importante. Tuttavia sono necessari impegni concreti per garantire a tutti il diritto a un'alimentazione adeguata».

La globalizzazione, l'urbanizzazione, le crisi umanitarie e gli shock climatici non sono estranei alle gravi conseguenze sull'alimentazione dei bambini. La globalizzazione incide sulle scelte alimentari: il 77% delle vendite mondiali di cibi processati sono controllate da solo 100 grandi aziende. Gli shock climatici, la perdita di biodiversità e i danni ad acqua, aria e suolo stanno peggiorando le prospettive nutrizionali di milioni di bambini e di giovani, soprattutto tra le popolazioni povere. Nel solo Bangladesh oltre 19 milioni di bambini sono le prime vittime nei disastri del cambiamento climatico, e un quarto di loro ha meno di 5 anni. L'UNICEF e i suoi partner hanno curato più di 3 milioni e mezzo di bambini colpiti da malnutrizione grave in contesti umanitari nel 2018, dall'Afghanistan allo Yemen, al Sud Sudan. UNICEF Italia ha deciso di aiutare questi fratelli più bisognosi e più esposti alle povertà. Di questo la presidente Pace va fiera.

«Nel 2020 sono stati 285mila gli italiani che hanno deciso di sostenere l'UNICEF. Grazie alla loro generosità, abbiamo trasferito 43,8 milioni in favore dei programmi dell'UNICEF di assistenza all'infanzia e a sostegno delle persone più svantaggiate. Inoltre, lavoriamo anche con programmi specifici nel nostro paese: per esempio, nel 2020 abbiamo portato avanti i progetti "*Lost in Education*" e "*NEET Equity*", contro la povertà educativa minorile e per l'inclusione sociale ed economica dei giovani NEET. Nonostante le limitazioni dovute all'emergenza sanitaria, il progetto "*Lost in Education*" non si è fermato, ma ha rimodulato le proprie azioni. Nessuna scuola partner ha sospeso il progetto, che è rimasto in alcune comunità scolastiche l'unica attività extracurricolare prevista durante il lockdown e la DAD/DID: è stato, quindi, possibile attivare spazi sicuri per i ragazzi e le ragazze, dove gli stessi hanno potuto esprimere le proprie paure, le difficoltà, le emozioni a causa della situazione inedita che si stava vivendo; ma anche iniziare a progettare, insieme ai docenti e agli attori della comunità educante, prospettive per un futuro post-pandemia. Alla ripresa delle attività con il nuovo anno sociale 2020/21, si è lavorato con i ragazzi sulla loro *Agenda del futuro*, partendo dalle prospettive offerte dal Manifesto *The Future We Want* (il futuro che vogliamo) e da quanto emerso dai lavori effettuati durante il lockdown.

«Nel 2020 si sono concluse le attività del progetto *NEET Equity*, selezionato dal Dipartimento per le Politiche Giovanili e il Servizio Civile Universale nell'ambito dell'Avviso Prevenzione e contrasto al disagio giovanile. Il progetto ha permesso la sperimentazione di un modello di inclusione sociale e di transizione scuola-mondo del lavoro per minorenni e giovani provenienti da contesti di fragilità economica e sociale. Avviato il 25 maggio 2018, si è concluso con l'evento finale il 15 gennaio 2021. È stato sospeso due mesi per il lockdown (marzo-aprile 2020) e rimodulato a causa del protrarsi dell'emergenza sanitaria e delle misure di contenimento del contagio. Ha coinvolto 150 ragazzi e ragazze tra i 16 e i 22 anni nel rione napoletano di Scampia, a Taranto e a Carbonia, individuati attraverso Istituti professionali, e dai Centri provinciali per l'Istruzione Adulti e associazioni del TS. Coinvolgendo più di 50 *stakeholder*[11] a livello locale e nazionale, ha rafforzato network già esistenti e sviluppato nuovi partenariati».

Ma c'è di più. Per rispondere alla crescente crisi della malnutrizione in tutte le sue forme, l'UNICEF ha lanciato un appello urgente ai governi, al settore privato, ai donatori, ai genitori, alle famiglie e alle imprese per aiutare i bambini a crescere in salute.

«Chiediamo di garantire diete nutrienti, sicure e accessibili a ogni bambino. Chiediamo a governi, donatori, organizzazioni della società civile e attori per lo sviluppo di lavorare insieme per trasformare i sistemi alimentari, sanitari e di protezione sociale attraverso azioni chiave, che comprendono:

• l'aumento della disponibilità e l'accesso a cibi nutrienti – frutta, verdure, uova, pesce, carne e alimenti arricchiti – incentivandone la produzione, la distribuzione e la vendita al dettaglio;

• implementare gli standard e le leggi nazionali per proteggere i bambini da alimenti e bevande trasformati e ultra-trasformati non sani, e porre fine a pratiche di *marketing* dannose che hanno come *target* bambini e famiglie;

[11] *Stakeholder*: ciascuno dei soggetti direttamente o indirettamente coinvolti in un progetto o nell'attività di un'azienda.

• aumentare la propensione verso cibi nutrienti e sicuri attraverso diversi canali di comunicazione, compresi i *digital media* per raggiungere genitori e bambini con informazioni semplici da comprendere e coerenti.

«Ma chiediamo anche di sostenere il lavoro dell'UNICEF. Nel settore della nutrizione nel 2020 abbiamo ottenuto risultati incredibili: abbiamo raggiunto quasi 244 milioni di bambini per prevenire il ritardo nella crescita e altre forme di malnutrizione, attraverso azioni come servizi di consultorio nutrizionale nel corso della gravidanza in 71 Paesi; abbiamo pianificato e migliorato la diversità alimentare per i bambini piccoli in 58 Paesi; abbiamo adottato strategie nazionali complete per prevenire il ritardo nella crescita in 58 Paesi; abbiamo studiato politiche per la prevenzione del sovrappeso e dell'obesità in 21 Paesi; e siamo arrivati a 4 milioni di bambini in situazioni di emergenza umanitaria per la malnutrizione acuta grave».

Un rapporto dell'UNICEF e di Save the Children sul Covid-19 aveva denunciato che il numero di bambini in famiglie in situazione di povertà sarebbe aumentato di 86 milioni (+15%) entro la fine del 2021, raggiungendo i 672 milioni. Circa due su tre di questi bambini vivono in Africa subsahariana e in Asia meridionale. I Paesi in Europa e in Asia centrale potrebbero assistere all'aumento più significativo, fino al 44%. La direttrice generale Fore sostiene che «le conseguenze devastanti della pandemia di Covid-19 sulla povertà colpiranno duramente soprattutto i bambini». Accadrà anche in Italia?[12]

[12] UNICEF e Save the Children: *Dalla pandemia rischio povertà per milioni di famiglie nel mondo*, maggio 2020.

«Purtroppo, rispetto al 2019», sostiene Carmela Pace, «le condizioni dei bambini e degli adolescenti in Italia sono peggiorate: i bambini colpiti da povertà assoluta erano l'11,4%. Con l'emergere della pandemia, la povertà assoluta nel 2020 è aumentata di 2 punti in percentuale, mentre la povertà degli individui di 1,7. Questo ci conferma che i bambini, nonostante non siano stati fra coloro maggiormente colpiti dalla pandemia, sono stati quelli più colpiti dalle sue devastanti conseguenze, e questo è un dato disarmante».

Carmela Pace, così come la direttrice generale Henrietta Fore, si rivolgono a tutti i Paesi, i governi, le istituzioni, per concorrere a raggiungere il numero sempre più ampio di bambini colpiti dalle crisi nel mondo, in particolare nei Paesi che generalmente ricevono meno fondi.

Ma i fondi da soli non bastano, occorre anche che essi siano più flessibili. L'UNICEF deve fornire ai bambini supporto dai primi momenti successi a un disastro, fino a quando potranno tornare a vivere una vita normale. Questo richiede fondi speciali chiamati appunto *fondi flessibili*. Fondi che siano velocemente disponibili per diversi anni e non legati a un Paese o a una problematica in particolare. Tali *fondi flessibili* aiuteranno a salvare più vite e a proteggere il futuro di un maggior numero di bambini.

«Le risorse regolari sono fondamentali per noi» dice la presidente Pace, «perché ci permettono di rispondere tempestivamente alle emergenze. Ad esempio, grazie alle *Risorse Regolari stanziate dal Fondo UNICEF per le emergenze*, nel 2018 si è registrata un'immediata risposta alle due diverse epidemie di Ebola che hanno colpito la Repubblica Democratica del Congo nella provincia dell'Équateur e nelle province del Nord Kivu e Ituri. Qui il 30% dei casi è stato registrato tra i bambini sotto i 18 anni. Le risorse rilasciate attraverso questo Fondo hanno permesso di fronteggiare le due epidemie, contribuendo a circoscriverne l'estensione nelle aree dei focolai iniziali; a far fronte ai primi bisogni dei bambini e delle popolazione colpite; all'avvio di campagne di informazione e di comunicazione sui rischi e i modi di arginarne la portata; alla mobilitazione delle comunità sui metodi di prevenzione dei contagi; alla fornitura d'emergenza di acqua e servizi igienico-sanitari; all'apertura di un asilo nido nella città di Beni, dove accudire i bambini piccoli figli di donne contagiate e in terapia. Tutto questo rappresenta il necessario per assicurare la sicurezza dello staff impegnato nei lavori e la salute dei più bisognosi».

CON GLI OCCHI DELLE BAMBINE

«Una mattina rispondo alla telefonata di una madre di Torino. È in condizioni di difficoltà economica grave. Con la chiusura della sua attività produttiva non riesce più a dare da mangiare ai bambini e ci chiede di convertire una borsa di studio assegnata alla figlia in generi alimentari. È stato in quel momento che abbiamo capito ciò che sarebbe accaduto nei mesi a seguire: la povertà, soprattutto quella alimentare, ha travolto chi era in condizioni precarie e la chiusura della scuola ha obbligato i bambini a rimanere a casa e a perdere anche la possibilità di avere il pasto caldo ed equilibrato che avevano a mensa».

Si commuove nel ricordare quella telefonata. Daniela Fatarella è la Direttrice generale di Save the Children Italia. Laureata nella prestigiosa Università di Siena, è esperta di tecniche della comunicazione. Da giovanissima ha intrapreso un lungo percorso di impegno professionale nel settore umanitario, Daniela Fatarella è la prima donna al vertice dell'organizzazione in Italia.

Save the Children nel mondo è una Organizzazione Non Governativa (ONG) con status consultivo presso il Consiglio economico e sociale delle Nazioni Unite. È una delle più grandi organizzazioni internazionali indipendenti e opera in 125 Paesi con una rete di 28 organizzazioni nazionali con una struttura internazionale. Nata a Londra nel 1919, ha come fondatrici due donne, l'infermiera volontaria Eglantyne Jebb e la sorella Dorothy Francis Jebb Buxton, attivista politica: intendevano creare un'organizzazione in grado di alleviare le terribili sofferenze dei bambini durante la Prima guerra mondiale.

Concordo con Daniela Fatarella che anche in Italia le conseguenze socio-economiche dell'emergenza Coronavirus rischiano di ricadere ancora una volta sui bambini e sul loro futuro. Il numero di minori in povertà assoluta è più che triplicato nei dieci anni successivi alla crisi del 2008, e si stima che in seguito a questa drammatica situazione vi sia il rischio che un milione di bambini in più possano scivolare nella povertà assoluta. Combattere la povertà materiale però non basta, è fondamentale contrastare anche quella educativa. L'educazione può essere la chiave per consentire ai bambini di sviluppare le opportunità del domani, per interrompere il circolo vizioso della povertà intergenerazionale, per sé stessi e per il pianeta.

«Tutto il mondo», dice la Direttrice, «sta vivendo le conseguenze della pandemia che ci ha colpito, in termini sanitari, ma soprattutto economici e sociali. I bambini non sono stati le prime vittime del virus in termini di contagio, ma sono stati le principali vittime di quella che si è da subito trasformata in una *pandemia sociale*, che ha impoverito le famiglie, soprattutto quelle che erano già in difficoltà, allargando i divari e rendendoli a volte incolmabili.

«Sin dall'inizio della pandemia il nostro imperativo è stato quello di non lasciare che alcun bambino rimanesse indietro e che non venissero vanificati gli sforzi fatti fino a quel momento per migliorare la condizione dell'infanzia in Italia e nel mondo. Anche qui in Italia ci siamo trovati sin da subito di fronte a uno scenario drammatico: quando ancora il Paese non era in lockdown e le chiusure riguardavano solo il Nord, abbiamo colto i primi segnali di allarme.

«La chiusura delle scuole poi si è rivelata un doppio dramma per i bambini in maggiore difficoltà: tagliati fuori dalla socialità, dalla possibilità di apprendere e anche da quella di avere un pasto adeguato. In quei mesi abbiamo raccolto continue richieste di aiuto e tante sono forse rimaste inespresse per una errata vergogna. Non è facile trovarsi di fronte all'impossibilità di dare un pasto adeguato ai propri figli e questo è stato un ulteriore elemento di tensione nelle famiglie. Ci siamo trovati di fronte a casi estremi di bambini costretti a cercare cibo nella spazzatura. L'Italia ha dovuto affrontare anche questa tragedia e i numeri parlano chiaro: da molti anni si dice che l'Italia non è un "paese per bambini", ma a questo punto, dopo qualche decennio di lento declino, sembra quasi diventato un paese in cui l'infanzia è "a rischio di estinzione". Dai tempi del *baby boom*[1] a oggi la rotta sembra infatti essersi clamorosamente invertita: una marcia indietro che ha travolto la curva demografica e l'ascensore sociale, sempre più in caduta libera e che rischia di trascinare il futuro delle giovani generazioni e del Paese intero. Nascono sempre meno bambini e quelli che ci sono sono sempre più poveri.

[1] Con il termine *baby boomer* (dall'inglese "appartenente al *boom* dei bebè") viene comunemente indicata una persona nata in Nord-America o in Europa tra il 1946 e il 1964, cioè durante il periodo del notevole aumento demografico avvenuto in quegli anni, noto con il termine inglese di *baby boom*, che proseguì parallelo al boom economico registrato in questi Paesi nel secondo dopoguerra. La generazione dei *baby boomers* viene considerata tra quelle più segnate dalla storia.

«Una condizione drammatica, in cui il tema dell'istruzione è una leva fondamentale per la ripartenza, ma che negli anni è stato oggetto di gravi mancanze negli investimenti: il taglio della spesa per l'istruzione, il "risparmio" sui servizi alla prima infanzia, le mense e il tempo pieno hanno lasciato che, allo scoppio della pandemia, i divari e le disuguaglianze di opportunità spianassero la strada a una crisi educativa senza precedenti. Questa miopia politica ci ha consegnato un Paese in cui il numero di adolescenti che lasciano prematuramente la scuola e di ragazzi che non studiano e non lavorano è ben oltre la media europea.

«Siamo evidentemente di fronte a una geografia dell'infanzia che svela ingiustizie di opportunità, di diritti e di futuro», prosegue come un fiume in piena Daniela Fatarella, con l'entusiasmo e la preparazione che la contraddistinguono. «Ma allo stesso tempo siamo di fronte a un punto di svolta per invertire la rotta: il PNRR[2], combinato alla nuova programmazione dei fondi europei e alla *Child Guarantee*[3], è un investimento complessivo sull'infanzia che non ha precedenti dal dopoguerra. Ora bisogna avere visione e coraggio: se l'impiego di queste risorse sarà volto a rafforzare solo i territori più attrezzati e verrà tutto deciso dall'alto, senza un coinvolgimento delle comunità locali e degli stessi ragazzi e ragazze, il rischio reale è quello di migliorare gli indicatori nazionali senza tuttavia agire

[2] Il "Piano Nazionale di Ripresa e Resilienza" è il piano preparato dall'Italia per rilanciarne l'economia dopo la pandemia di Covid-19, al fine di permettere lo sviluppo verde e digitale del Paese.

[3] Nel 2015, il Parlamento Europeo ha invitato la Commissione europea e gli Stati membri «a introdurre una *Child Guarantee*, con l'obiettivo di garantire a ogni bambino in condizioni di povertà, l'accesso ad assistenza sanitaria, istruzione e servizi per la prima infanzia gratuiti, abitazioni dignitose e un'alimentazione adeguata» (Risoluzione "*Reducing inequalities with a special focus on child poverty*").

sulle disuguaglianze, rischiando di aggravarle. Inoltre gli investimenti sulle infrastrutture previsti dal Piano vanno subito collegati a un aumento permanente della spesa per i servizi; basta con le cattedrali dorate che restano vuote. Non abbiamo bisogno, come già successo in passato, di asili nido nuovi di zecca che restano chiusi per mancanza di personale. Occorre fare dunque del PNRR non un insieme di progetti, ma una nuova direzione di marcia per il paese, dove i diritti di tutti i bambini, le bambine e gli adolescenti siano messi al primo posto delle politiche».

Passo ai numeri ricordando alla Direttrice che Save the Children ha lanciato un allarme: nel mondo ogni anno 1 miliardo di minori tra i 2 e i 17 anni è vittima di violenza fisica, sessuale o psicologica; 12 milioni di ragazze si sposano prima dei 18 anni con uomini spesso molto più grandi di loro; 85 milioni di bambini e ragazzi sono coinvolti in pericolose forme di lavoro minorile. Tutto questo è spesso legato a quella povertà che affligge il presente e che ruba il futuro, colpendo almeno 586 milioni di bambini nel mondo – numero che potrebbe aumentare vertiginosamente – rischiando di lasciare entro la fine dell'anno 150 milioni di bambini in più, uno su tre in tutto il pianeta, senza cibo sufficiente e accesso a beni e servizi essenziali.

«Vede, conflitti, povertà, crisi climatica e poi l'arrivo della pandemia hanno contribuito a esacerbare una situazione già drammatica mettendo a rischio i diritti, il futuro, la salute e la vita stessa dei bambini. Proprio loro, infatti, pagano il prezzo più alto in tutti i Paesi del mondo. Questi fattori non fanno altro che aumentare le disuguaglianze e rendere sempre più vulnerabili le bambine e i bambini che provengono dai contesti più fragili. Non possiamo voltarci dall'altra parte: un mondo che consente che vi siano bambini che muoiono perché non hanno acqua, cibo o cure mediche è un mondo ingiusto e di fronte a tutto questo dobbiamo agire, altrimenti saremo tutti responsabili. Eppure veniamo da decenni in cui vi sono stati importanti progressi in alcuni ambiti, come la lotta alla mortalità infantile, che ci dimostrano che è possibile invertire la rotta. Tutti però devono continuare a impegnarsi, a partire dalla comunità internazionale, dai Paesi donatori fino alle singole persone: siamo di fronte a un'emergenza e il mondo non può fingere che niente stia accadendo. A ogni bambina e a ogni bambino devono essere garantiti il diritto alla vita, alla sopravvivenza e allo sviluppo e ognuno di loro merita di ricevere un'educazione e di sentirsi protetto. Ognuno di quei bambini è figlio dell'intera umanità.

«Stiamo parlando di fenomeni che erano ben presenti anche prima dell'arrivo della pandemia. I cambiamenti climatici, i conflitti, la fame, la povertà non sono ormai singole emergenze ma fenomeni strutturali che vanno affrontati con politiche di sviluppo che coinvolgano tutta la comunità internazionale. Viviamo in un mondo interconnesso e non possiamo più pensare che quello che succede nei Paesi più poveri dell'Africa, dell'Asia o dell'America Latina non ci riguardi. Poco prima dell'arrivo del Covid sono stata in Somaliland[4], un Paese che si trova a nord della Somalia, che si è reso indipendente ma che non è stato riconosciuto dalla comunità internazionale. Qualche anno fa lo chiamavano la "Svizzera dell'Africa". Ci hanno fatto vedere delle

[4] Il Somaliland, ufficialmente Repubblica del Somaliland, è uno Stato indipendente dell'Africa orientale senza alcun riconoscimento della comunità internazionale, composto dalle province settentrionali della Somalia. È situato nel Corno d'Africa e compreso tra l'8° e l'11° parallelo a nord dell'equatore. Occupa l'intera area di quella che fino al 1960 fu la Somalia britannica e che dal 26 giugno al 1° luglio 1960 fu lo Stato del Somaliland.

foto di distese di erba e prati a bestiame. Oggi sono al sesto anno di siccità, i fiumi sono secchi e non scorre più acqua da tempo, il Paese è alla fame, colpito anche da un'invasione di locuste che ha portato via quel poco che rimaneva da mangiare. Un Paese abitato da comunità nomadi, la cui economia di sussistenza si basava sull'allevamento, che ha visto morire tutto il bestiame perché non c'era più erba da mangiare e acqua da bere. Abbiamo attraversato distese di deserto disseminate di cadaveri di animali morti di stenti, raggiunto villaggi in cui i bambini erano alla fame e a volte si era costretti a decidere quale bambino aveva più possibilità di essere salvato dalla malnutrizione perché negli ospedali non c'era posto per tutti. Perché poi, al di là dei numeri, dello studio dei fenomeni nel loro complesso, qui parliamo della vita delle persone. Di bambini che non raggiungono i cinque anni di vita perché non hanno acqua né cibo. La realtà delle cose è questa e da qui bisogna partire per affrontare in maniera seria e urgente i problemi che affliggono il pianeta e che non sono solo "al paese loro", ma riguardano ciascuno di noi. L'intera comunità internazionale si è impegnata, con l'Agenda 2030, a raggiungere uno sviluppo sostenibile per tutto il pianeta e la sua popolazione entro il 2030. Per farlo, ognuno è chiamato a fare la propria parte e, nel caso dei Paesi più ricchi, a supportare anche con le proprie risorse l'avanzamento degli obiettivi. Purtroppo, la pandemia ha pesato su questo scenario determinando una forte contrazione delle risorse a disposizione dei Governi dei Paesi più poveri e vulnerabili per gli investimenti in salute, istruzione, protezione sociale e nutrizione. Settori chiave per lo sviluppo di bambine, bambini e adolescenti, che si sono visti privati di risorse fondamentali, spesso utilizzate, al contrario, per pagare i debiti contratti con i creditori. La presidenza italiana al G20 nel 2021 ha lavorato per trovare, insieme agli Stati più potenti del mondo, le modalità per cambiare tutto ciò, ma a questo primo passo devono accompagnarsene di ulteriori sul fronte cancellazione del debito per garantire nelle nuove generazioni le basi per crescere».

Il discorso ci porta a parlare della scuola. La lunga chiusura in seguito al Coronavirus ha riguardato quasi il 90% di tutti gli studenti nel mondo, e un giovane su tre non ha avuto accesso al digitale e alle nuove tecnologie. Molti bambini (circa 10 milioni secondo una recente stima) ha rischiato di non tornare più tra i banchi, con tutto quello che ciò avrebbe comportato, in termini di maggiore esposizione a rischi di subire violenze e sfruttamento, di essere costretti ad andare a lavorare per aiutare le famiglie o di sposarsi prematuramente rinunciando così alla propria infanzia, mettendo a rischio la propria salute e rinunciando alla possibilità di costruirsi un futuro. Solo nel 2020, quasi 500mila ragazze in più nel mondo sono state costrette al matrimonio forzato, prima di compiere i 18 anni di età. E a queste si potrebbe aggiungere il milione in più di gravidanze precoci, che rappresentano la principale causa di morte per le ragazze tra i 15 e i 19 anni in tutto il mondo. Colpiscono nel profondo. Questi sono i temi sui quali Save the Children fa una battaglia serrata e senza sconti. Sconvolgente, amaro, impietoso ma drammaticamente vero il recente Atlante dell'organizzazione che ha voluto vedere il mondo *con gli occhi delle bambine*.

«Sono state soprattutto le bambine e le ragazze», accusa la Direttrice, «a essere impattate in modo più forte dalla pandemia, che ha aumentato le disuguaglianze di genere facendo fare enormi passi indietro rispetto ai progressi realizzati negli ultimi decenni. La chiusura delle scuole, infatti, ha riguardato in maniera importante tutti i Paesi del mondo e in quelli più poveri è proprio la scuola a garantire alle ragazze una possibilità reale di emancipazione dalla condizione in cui vivono, dalle violenze e spesso da un destino segnato sin dalla tenera età con matrimoni precoci e gravidanze che arrivano troppo presto. Rimanere fuori dalla scuola le ha lasciate senza alcuna protezione e spesso questo ha costretto le famiglie più povere a dare in spose le proprie bambine per garantire loro un pasto. Il destino di queste bambine, che hanno spesso poco più di 8-9 anni, è quello di finire in spose di uomini molto più adulti e di rimanere incinte, rischiando di compromettere gravemente la loro salute, fino anche alla morte. Ogni anno più di 22mila bambine e ragazze muoiono durante gravidanze e parti che sono il risultato di matrimoni precoci, circa 60 ogni giorno. Sebbene negli ultimi 25 anni siano stati evitati quasi 80 milioni di matrimoni precoci a livello globale, i progressi si erano fermati già prima della pandemia, che ha solo contribuito a peggiorare le disuguaglianze, principale causa dei matrimoni precoci. Si prevede che *entro il 2030 altri 10 milioni di ragazze saranno costrette a sposarsi precocemente* e di conseguenza aumenterà per loro anche il rischio di morire. Perché anche nei Paesi in cui i matrimoni precoci sono illegali le eccezioni sono comuni e la pratica è ancora diffusa, come in Burkina Faso, Paese che ha uno dei più alti tassi al mondo di matrimoni precoci. Non potrò mai dimenticare la storia di Viviane, una ragazza di 23 anni, che a 12 anni era stata costretta a sposarsi con l'uomo a cui era stata promessa fin dalla nascita. Ci ha raccontato che il suo promesso marito aveva 54 anni e aveva già quattro mogli. Lei voleva solo continuare a studiare e così ha deciso di scappare ma è stata trovata e riportata indietro a vivere con lui. Ha riprovato a scappare ancora una volta, camminando per 40 km, fino a quando è riuscita a salire su un autobus e a trovare aiuto in un centro. Ora quella ragazza studia matematica, si sta formando per diventare un'infermiera e cerca ogni giorno di spiegare ad altre ragazze quanto sia importante studiare e provare a costruire da sole il proprio futuro.

«In questi mesi di pandemia ho pensato spesso a lei, ogni volta che vedevo i volti di quelle infermiere e dottoresse che nei nostri ospedali si prodigavano con professionalità, cura e amore, verso i malati. Perché anche ragazze come Viviane non possono realizzare il loro sogno e dare un contributo alla società in cui viviamo? È un'ingiustizia che non possiamo né dobbiamo più tollerare. Per questo motivo continuiamo a lavorare ogni giorno in molti Paesi del mondo, con le comunità e i governi locali, per modificare queste inaccettabili situazioni, che rischiano di minare il futuro delle bambine. E i passi avanti sembrano esserci. Penso all'Etiopia, ad esempio, dove negli anni è drasticamente diminuita la pratica delle mutilazioni genitali femminili, così come i matrimoni precoci. La strada è ancora lunga per eradicare del tutto questi fenomeni, ma non molliamo, perché vogliamo che ragazze come Viviane possano inseguire i loro sogni e realizzarli».

Insisto sul tema portando altri dati: se un'adolescente su dieci, a livello globale, era già vittima di stupro o violenza sessuale da parte del proprio compagno prima del Covid-19, il Coronavirus ha portato a un aumento di questi casi e si prevedono 2 milioni di casi di mutilazione genitale femminile in più nei prossimi 10 anni, soprattutto tra chi non ne ha ancora compiuti 14.

«È vero», sottolinea Daniela Fatarella, «nonostante sia riconosciuta a livello internazionale come una violazione dei diritti umani, la MGF[5] è stata eseguita su almeno 200 milioni di ragazze e donne in 31 Paesi e in tre continenti, con più della metà delle persone vittime che vivono in Egitto, Etiopia e Indonesia. Sono tanti i motivi per cui questa pratica è ancora così diffusa, ma il filo comune in ogni società in cui si presenta è che la MGF è una manifestazione di radicata disuguaglianza di genere. Sebbene sia riconosciuta come una violazione dei diritti umani di bambine, ragazze e donne, nel suo verificarsi incessante riflette una profonda disuguaglianza tra i sessi e costituisce una forma estrema di discriminazione contro le donne. Viene quasi sempre effettuata su minori. La pratica viola anche i diritti di una persona alla salute, alla sicurezza e all'integrità fisica, il diritto di essere libera dalla tortura e da trattamenti crudeli, inumani o degradanti e il diritto alla vita quando la procedura porta alla morte.

«Alcune comunità lo sostengono come mezzo per controllare la sessualità delle ragazze o salvaguardare la loro castità. Altri costringono le ragazze a sottoporsi a MGF come prerequisito per il matrimonio o l'eredità. Dove la pratica è più diffusa, le società spesso la vedono come un rito di passaggio per le ragazze. La MGF non è sostenuta dall'Islam o dal cristianesimo, ma le narrazioni religiose sono comunemente utilizzate per giustificarla. Poiché la mutilazione genitale femminile è una pratica culturale, i

[5] Le MGF (Mutilazioni Genitali Femminili) sono una pratica tramandata dalle famiglie e dalle comunità. Non sono dunque una scelta personale ma sono investite del valore di una norma sociale o di una regola culturale. Questa norma viene in diversa misura interiorizzata dalle donne, le quali possono percepire la dismissione della pratica come una vergogna e come rischio di estromissione dal gruppo di appartenenza.

genitori si trovano nella difficoltà di non potersi rifiutare di sottoporre le figlie a questa pratica per paura che le loro famiglie vengano ostracizzate o che le loro figlie non siano ammissibili al matrimonio.

«Eppure, le MGF possono portare a gravi complicazioni di salute e persino alla morte. I rischi immediati includono emorragia, shock, infezione, ritenzione di urina e dolore intenso. Le ragazze sottoposte a MGF corrono anche un rischio maggiore di diventare spose bambine e abbandonare la scuola, minacciando la loro capacità di costruire un futuro migliore per sé stesse e per le loro comunità. Infatti, dei 31 Paesi in cui si praticano MGF per i quali sono disponibili i dati, 22 sono tra i meno sviluppati al mondo. In Etiopia, uno dei Paesi in cui questa pratica è più diffusa, ho incontrato una ragazzina che fa parte di uno dei nostri programmi di contrasto e sensibilizzazione sulle MGF. Aveva 11 anni e la sua migliore amica stava per essere sottoposta a infibulazione: lei sapeva che questa pratica poteva addirittura ucciderla e, per paura di perdere la sua amica, è andata dai suoi genitori per spiegare loro i rischi che stavano facendo correre alla loro figlia e alla fine è riuscita a convincerli a non procedere. Quando ci raccontava la sua storia ha detto "mi sarebbe mancata troppo la mia amica, se fosse morta". Aveva appena compiuto un atto coraggioso, sfidando la tradizione e gli adulti, ma nel cuore rimaneva pur sempre una bambina che aveva paura di perdere la sua più cara amica. Perché di bambini stiamo parlando e non dovremmo mai dimenticarlo».

Storie drammatiche che hanno come protagonista involontaria l'infanzia, perché la pandemia, con i suoi effetti indiretti, si è abbattuta come un macigno sui minori di tutto il mondo, accelerando le disuguaglianze e rendendo sempre più vulnerabili i bambini e i ragazzi dei contesti più fragili in tutti i Paesi del pianeta. Già prima della pandemia in un solo anno morivano 5 milioni e 300mila bambini prima di aver compiuto i 5 anni di età, più di metà dei quali per cause facilmente curabili e prevenibili, come malaria, diarrea o polmonite. Solo quest'ultima – la malattia contagiosa più letale al mondo per i bambini – ogni anno ne uccide oltre 800mila sotto i 5 anni. A essere più esposti, ancora una volta, sono i più poveri che hanno probabilità più che doppie di perdere la vita prima di raggiungere i 5 anni rispetto ai coetanei delle famiglie più benestanti. Dati già altissimi ma che rischiano un incremento drammatico a seguito degli effetti della pandemia e del collasso dei sistemi sanitari.

«La polmonite è la malattia dell'iniquità. Ogni giorno, oltre 2mila bambini muoiono a causa di questa malattia prevenibile e curabile, semplicemente perché non hanno accesso a vaccini e cure essenziali come l'ossigeno. Durante la pandemia, gli operatori sanitari nei Paesi più poveri hanno dovuto fare scelte tremende per poter affrontare il picco di aumento della domanda di ossigeno, le cui scorte erano già scarse. Oltre a essere una potenziale complicanza del Covid-19 e di altre malattie, la polmonite è soprattutto la principale causa di morti infantili. In Africa, i progressi fatti nella lotta contro la polmonite infantile, che mette a rischio la vita di migliaia di bambini ogni anno, hanno visto una battuta d'arresto a seguito della diminuzione delle vaccinazioni di routine e di un aumento della domanda di ossigeno medicale durante la pandemia di Covid-19. Va però detto che, già prima del 2020, i tassi di mortalità infantile dovuta alla polmonite non stavano diminuendo allo stesso ritmo di altre malattie letali per i bambini. La pandemia ha aggravato la situazione: dal 2020 le vaccinazioni e i servizi sanitari sono stati ridotti e il coprifuoco, il blocco dei mezzi di trasporto, la disinformazione dilagante sui vaccini hanno contribuito a ostacolare questi servizi salvavita.

Ciò che rende la polmonite una malattia così ingiusta è che quasi tutte le morti sono in realtà prevenibili: vaccini efficaci possono prevenire la maggior parte dei casi e con una diagnosi precoce e accurata e semplici antibiotici la polmonite infantile può essere curata. I casi più gravi dovrebbero essere gestiti con l'ossigeno medicale, un trattamento ampiamente accessibile ai Paesi ricchi ma molto scarso e quasi inaccessibile nei Paesi poveri, come abbiamo potuto vedere nel corso di questi mesi. Come tutte le malattie che sono causa di mortalità infantile, è importante agire sulla prevenzione, migliorando le condizioni di vita dei bambini, la loro alimentazione, e dando loro cure corrette sin dalla primissima infanzia. Sono malattie della povertà, perché quando si vive in luoghi dove le condizioni igieniche sono precarie, l'acqua è sporca o razionata ed è difficile anche lavarsi le mani, diventa quasi impossibile immaginare che virus e batteri non si diffondano. Abbiamo imparato bene anche noi quanto sia importante in situazioni con alto rischio di contagio mantenere livelli di igiene sempre elevati. Se a questo si aggiungono sistemi sanitari spesso al collasso, ecco che le malattie prevenibili e curabili si trasformano in letali per milioni di bambini».

In realtà, oggi più che mai, è necessaria un'azione coordinata da parte della comunità internazionale e dei governi per sostenere con uno sforzo straordinario un'intera generazione di bambini e tutelare il futuro loro e del nostro pianeta. La Direttrice ha le idee chiare sul *cosa si può fare*.

«Be', intanto si può e si deve ripartire dai bambini. Le sfide che abbiamo di fronte sono enormi, ma riguardano soprattutto loro e il mondo che stiamo lasciando loro: crisi climatica, fame, mancanza di istruzione, conflitti e affiliazione a gruppi armati, migrazioni di massa a causa di guerra e povertà e catastrofi naturali, mortalità infantile. Ecco quello contro cui si troveranno a combattere. Save the Children è nata nel 1919, un anno dopo la fine della pandemia di influenza "spagnola" e del primo conflitto mondiale. Il mondo era in macerie; Eglantyne Jebb ebbe un'intuizione che ci guida da oltre 100 anni in ogni nostra azione: ogni generazione di bambini offre all'umanità la possibilità di ricostruire il mondo partendo proprio dalle sue stesse macerie. E allora ripartiamo da lì: investiamo su di loro, ascoltiamoli, rendiamoli protagonisti di un nuovo rinascimento. La pandemia di Coronavirus è il più grande sconvolgimento globale della nostra epoca, ha decimato le economie, messo alla prova i sistemi sanitari fino ai loro limiti e sta modellando le scelte politiche mondiali. In questo scenario, i bambini che saranno ricordati per essere stati "la generazione Covid" non devono essere soltanto protagonisti passivi di un mondo che cambia, ma bisogna ascoltare quello che hanno da dire e costruire insieme a loro una società che sappia affrontare le sfide attuali e quelle che ancora verranno. Abbiamo visto bambini e ragazzi di tutto il mondo chiedere ai governi qualcosa di più che solo parole: sanno perfettamente che cosa vogliono e hanno proposte concrete. Rendiamoli realmente protagonisti delle scelte che li riguardano.

«Oggi credo che uno degli appelli più importanti da fare alla comunità internazionale sia proprio legato all'istruzione. È necessario investire maggiori risorse per portare la scuola anche a quei bambini che si trovano in condizioni di vulnerabilità estrema. Penso ai bambini che vivono crisi umanitarie, conflitti, quelli che sono stati colpiti in maniera più pesante dalle diseguaglianze. E poi dedicarsi con sempre maggiore impegno all'istruzione delle bambine, perché possono essere un motore di sviluppo inimmaginabile per far crescere Paesi che sono ancora indietro e che hanno bisogno, quanto e più degli altri, delle incredibili e straordinarie risorse che le bambine e le ragazze possono dedicare alla vita dell'intera collettività».

LE DONNE, L'ANTIDOTO ALLA POVERTÀ

Questa è la storia di Gai Yor, un giovane pescatore che vive nel Sudan del Sud. Qui le inondazioni sono iniziate nel luglio 2020. Le acque erano molto più alte di quanto gli abitanti potessero immaginare. Secondo i tecnici, erano le peggiori mai viste negli ultimi cinquant'anni.

A Old Fangak, una città isolata posta a nord, ancora oggi la gente lotta per sopravvivere. Le famiglie sono fuggite dalle case allagate, cercando rifugio sui pochi altipiani alla disperata ricerca di cibo. Dopo la guerra civile durata dieci anni, gli effetti della crisi climatica hanno sconvolto una delle regioni più povere dell'Africa, dove un milione e 600 mila persone vivono come fossero in una grande palude. Le comunità si aiutano fra di loro, scavano dighe, ma carestia e Covid continuano a imperversare. Non si può neanche scappare perché non esistono più neppure le strade. Niente raccolti, poco cibo, piccole dighe domestiche costruite intorno alle capanne. «Per trasportare i nostri figli in sicurezza usiamo catini come questo», dice Nyalong Wal, 36 anni, mentre mostra la bacinella di plastica all'interno della quale ha sistemato la figlia di due anni al fotografo Peter Caton che ha attraversato l'intera regione per testimoniare, attraverso le sue foto, la tragica situazione per Azione contro la fame.

Gai Yor sente molto la mancanza della sua famiglia, ma non ha altra scelta che starle lontano. La fame aumenta e il cibo è difficile da recuperare. Gai vive da due mesi e mezzo in un piccolo rifugio galleggiante, circondato da erba e acqua. «Sono qui da solo perché mia moglie ha portato i nostri figli su un altopiano così li tiene lontani dall'acqua e dal fango».

A perdita d'occhio, non c'è altro che erba e acqua. Il mercato di Old Fangak si trova su uno dei pochi altipiani rimasti ancora asciutti, ma può essere raggiunto solo in canoa. La famiglia di Gai vive del suo lavoro: deve pescare abbastanza per permettere loro di mangiare almeno una volta al giorno. Il resto viene venduto per comprare altro cibo.

Come Gai, altri uomini rimangono nelle zone inondate e infestate dalle zanzare per poter lavorare. Il senso di abbandono si è ormai diffuso nella città: le famiglie sono state separate dalle inondazioni e dal bisogno di procurarsi del cibo. Molti mercati, prima pieni di vita, sono stati distrutti. Le case sono sepolte sotto le acque. Vicino alla casa di Gai c'era un mercato, ma è stato sommerso. Anche la sua casa è crollata. Per più di due mesi, il giovane pescatore ha lottato giorno e notte per cercare di riparare l'argine che la proteggeva. Ma l'acqua è aumentata così tanto che non c'è più traccia visibile delle dighe costruite per evitare il crollo. «Questa inondazione è arrivata senza preavviso, ha distrutto i nostri raccolti».

Vivere nel bel mezzo di una zona alluvionata e isolato dalla famiglia è molto difficile. «Mi fanno male le orecchie e le ossa. Ma ciò che fa più male è la fame dei miei figli quando non hanno niente da mangiare». Questa è la peggiore sofferenza causata dall'inondazione. Gai non è l'unico uomo costretto a scegliere tra stare vicino alla propria famiglia o separarsi dai propri congiunti per cercare cibo e in questo modo sopravvivere.

Nel Sudan del Sud, Azione contro la Fame previene e cura la malnutrizione, fornisce assistenza sanitaria e migliora l'accesso all'acqua pulita, ai servizi igienici e a una buona igiene. Per aiutare le famiglie sfollate dalle inondazioni, il suo network ha promosso una risposta di emergenza per fornire assistenza alimentare, kit per la pesca e sementi.

La situazione del Sahel è tra più drammatiche del pianeta. Ma in Africa, anche dall'altra parte dell'equatore, la vita è altrettanto difficile.

Questa è la storia di Halima e dei 42 giorni che le hanno salvato la vita.

Halima vive in Somalia, un Paese che già prima della pandemia ha vissuto anni di conflitto, gravi siccità e gli effetti devastanti creati dall'arrivo delle locuste. Molti somali, in questi anni, sono rimasti senza casa né terra.

Quando Fatuma, la madre di Halima, arriva al Centro Salute e Nutrizione di Azione contro la Fame, i medici le spiegano che la sua bambina soffre di malnutrizione acuta grave. E per Halima comincia il calvario. L'inizio è davvero difficile. Il suo fisico è gravemente deperito. Le mani e i piedi sono gonfi. I capelli fragili cominciano a cadere. Le viene diagnosticata una grave forma di malnutrizione, che la espone a malattie mortali. Per questa ragione viene ricoverata con urgenza: così può avere un trattamento intensivo e un costante monitoraggio. Viene alimentata con uno speciale latte terapeutico e la pelle trattata con una particolare pomata. Ogni giorno viene controllato il suo stato di salute. Viene pesata e misurata.

Passano i giorni e alla terza settimana cominciano a vedersi i primi risultati della terapia d'urgenza programmata dai medici di Azione contro la Fame. Con l'aiuto di altri esperti, Halima mostra i primi segni di ripresa e viene giudicata in grado di lasciare il centro intensivo per proseguire le cure in ambulatorio.

Halima può così lasciare il centro intensivo e l'ospedale. È un po' più autonoma. Si alza e si siede da sola e interagisce con la mamma. Non è ancora in forma, ma sembra subito chiaro che il cibo terapeutico sta facendo la differenza.

Trascorre un mese e Halima torna a casa in buona salute. Sorride ed è felice di poter giocare di nuovo con i suoi giocattoli. Nell'ultima settimana di trattamento, il controllo del peso e della circonferenza media del braccio hanno dato risultati positivi. Ora Fatuma riceverà un sussidio in denaro: questo contribuirà a cambiare le abitudini alimentari della famiglia. Il trasferimento a casa permetterà a Halima di continuare le cure utilizzando alimenti terapeutici ricchi calorie, di vitamine e di minerali necessari per la ripresa. Oggi è difficile sostenere che Halima abbia mai sofferto di malnutrizione: è sana, cammina, gioca e ride come qualsiasi altro bambino.

«Quella di Halima è una storia a lieto fine, che testimonia quanto è stato fatto in questi anni per contrastare la piaga della malnutrizione infantile. Eppure, milioni di bambini ne sono ancora colpiti», ci dice Simone Garroni, direttore generale della Fondazione Azione contro la Fame Italia. Vent'anni di esperienza professionale con attività di consulenza, insegnamento e ricerca, e con ruoli manageriali in organizzazioni internazionali sia nel settore privato che in ambito umanitario, Garrone ha modi gentili e non alza mai la voce: ma possiede la determinazione e la fermezza di chi in questi temi ci crede e non si nasconde quando deve denunciare soprusi e inganni.

«Cinque milioni e duecentomila bambini sotto i cinque anni morti nel 2019, a causa di malattie prevenibili» denuncia. «La fame e la denutrizione sono responsabili di quasi la metà delle morti infantili globali. Se volessimo specificare meglio la portata di questo dato, potremmo dire che ogni tredici secondi un bambino muore per denutrizione o per una malattia legata alla denutrizione. Questi dati, che racchiudono in sé il dramma di milioni di famiglie, descrivono anche la tragedia che affligge molte comunità nel mondo.

«La piccola Halima ha avuto accesso al trattamento salvavita a base di cibo terapeutico che i nostri operatori – presenti in 50 Paesi – utilizzano per i bambini denutriti. Si tratta di un piano di cura che dura circa sei settimane, efficace e a basso costo. Ma queste cure devono arrivare al più presto a tutti i bambini malnutriti. Abbiamo fatto tanto, ma dobbiamo fare di più».

Da oltre quarant'anni, in questi 50 Paesi, Azione contro la Fame opera ogni giorno per salvare la vita dei bambini malnutriti e per fornire acqua e cibo a intere comunità colpite dalla fame, dalla malnutrizione infantile, dalla povertà. Allo stesso tempo promuove con il suo staff locale progetti di sviluppo: l'obiettivo è quello di costruire, dopo l'intervento in emergenza, la capacità di ripresa delle popolazioni.

In questi lunghi anni di lavoro, gli oltre 8mila operatori impegnati sul campo si sono adoperati per offrire a ciascun uomo, donna e bambino incontrati dal 1979 la possibilità di provvedere ai bisogni personali e della propria famiglia.

«Ma mentre i nostri operatori intervengono, emergono chiari i limiti oggettivi di tutti noi umanitari che sogniamo un mondo davvero libero dalla fame. Questi limiti sono documentati dai numeri, impietosi, contenuti nell'ultimo rapporto della FAO (*The State of Food Security and Nutrition in the World, 2021*): sono 811 milioni le persone vittime, oggi, della fame. Dopo decenni di costante e significativa riduzione, negli ultimi cinque anni, questa piaga è tornata a crescere prepotentemente generando nuove povertà, nonostante siano state individuate le cure per guarire i bambini malnutriti e promossi progetti efficaci per consentire alle comunità vulnerabili di diventare autosufficienti».

Le cause, come sempre, risiedono nell'uomo: diseguaglianze, conflitti, impatto dei cambiamenti climatici. Ed è solo l'uomo o, meglio, chi ha la responsabilità politica di assumere decisioni, che può porvi rimedio. «Sono i leader della comunità internazionale che, oggi, devono avere il coraggio di esprimere una chiara volontà politica di liberare il mondo dalla fame e di agire, di conseguenza, per contrastarne le cause strutturali, garantendo a ogni persona il diritto al cibo, all'acqua, ai mezzi necessari per la salute e il benessere personale e della propria famiglia».

E come non pensare a un'altra fra le terre più martoriate del pianeta: lo Yemen. E alla storia di Ahmed e della sua famiglia.

Più di 16 milioni di persone in Yemen soffrono la fame e 400mila bambini sotto i cinque anni rischiano di morire di malnutrizione acuta grave se non ricevono cure urgenti.

«Azione contro la Fame», prosegue Simone Garroni, «ha denunciato che la guerra, in sette anni, ha causato la morte di 250mila persone. Più della metà dei decessi deriva da cause indirette provocate dalla guerra, come la mancanza di viveri e di cure. Per il quarto anno consecutivo, nel 2021, il Paese rappresenta la peggiore crisi umanitaria al mondo ed è sull'orlo della carestia. Oltre l'80% della popolazione vive al di sotto della soglia di povertà e almeno 20 milioni di persone hanno bisogno di assistenza umanitaria. Milioni di yemeniti sono privati dell'accesso alle strutture mediche necessarie, all'acqua potabile e anche a una occupazione adeguata per far fronte ai bisogni essenziali».

E il conflitto armato, prima ancora della pandemia, ha avuto un impatto devastante sulla popolazione. «L'insicurezza alimentare e la malnutrizione – anche a causa degli effetti del Covid-19 – costituiscono un grave problema. L'organizzazione, oltre a effettuare programmi salvavita nel Paese, ha fornito agli operatori impegnati sul campo le informazioni necessarie per proteggere sé stessi e le comunità locali dal Covid-19. Inoltre, milioni di persone fanno riferimento all'approvvigionamento idrico fornito dalle autocisterne. Azione contro la fame sta quindi installando nuovi punti per il lavaggio delle mani e la fornitura di acqua laddove non c'è».

L'insicurezza alimentare causata dal conflitto in corso ha messo in ginocchio migliaia di famiglie. La storia di Ahmed è simile a quella di tante altre famiglie costrette a emigrare per cercare un po' di sicurezza e una manciata di cibo. Ora Ahmed ha trovato riparo nel distretto di Al-Garrahi, situato a Hodeïda. Vive in un rifugio di fortuna costruito a mano con legno e paglia. A 30 anni, Ahmed, insieme alla sua famiglia, è fuggito dalla sua abitazione nel distretto di Al-Mukka, insieme con altre centinaia di persone, lasciandosi alle spalle la propria terra e i mezzi di sussistenza che gli servivano per vivere. Parla con le lacrime agli occhi:

«Prima che ci trasferissimo qui, abbiamo vissuto tante notti al buio: non potevamo vedere nulla. Tutto ciò che potevamo sentire erano solo le forti esplosioni non lontano dal nostro villaggio. I combattimenti erano sempre più vicini e, ogni notte, io e mia moglie trovavamo sempre più difficile far dormire i nostri figli. Erano pietrificati dalla paura prodotta dal rumore delle granate che esplodevano. A volte, accendevamo la radio per distogliere la loro mente da ciò che stava accadendo intorno a noi o ascoltavamo la musica al telefono. Altre notti, abbiamo raccontato loro storie e racconti. Tutto ciò li confortava e li aiutava a dimenticare momentaneamente la situazione».

Mentre il conflitto infuriava, Ahmed e sua moglie hanno visto i loro amici e vicini fuggire dai loro villaggi e indirizzarsi verso zone più sicure. Alla fine, anche loro hanno preso la stessa decisione: lasciare la propria abitazione per proteggere sé stessi. «Io e mia moglie siamo partiti per salvare le nostre vite e quelle dei nostri figli», prosegue Ahmed. «Il nostro figlio più piccolo, allora, aveva solo pochi mesi. Quando siamo arrivati ad Al-Garrahi, ho affittato un terreno e costruito un rifugio. È davvero difficile trovare lavoro». Grazie alle sue conoscenze di tecnico meccanico, Ahmed ha finito per acquistare una moto per trasportare persone e consegnare pacchi. Sua moglie raccoglie e rivende di tutto, a cominciare dalle bottiglie di plastica.

«Noi potremmo essere la prima generazione della storia che può eliminare la fame» dice con entusiasmo Garroni, «grazie a un pianeta che è in grado di produrre cibo a sufficienza per tutti, di proporre cure contro la malnutrizione infantile da tempo disponibili, efficaci e a basso costo; di creare progetti di cooperazione in grado di realizzare l'autosufficienza delle comunità vulnerabili. Ma se pensiamo a *Zero hunger*, indicato dagli Obiettivi di Sviluppo Sostenibile, al momento ci sentiamo come se – percorrendo un' autostrada – invece di vedere l'arrivo, vedessimo riavvicinarsi tristemente il punto di partenza».

Basta dare uno sguardo totale al pianeta per rendersi conto di quanto ci si ritrovi sempre al punto di partenza. Torniamo nel Sahel. Questo territorio è l'esempio di come il tempo si sia fermato, e di come non si riesca a decollare. Sahel in arabo significa "bordo del deserto". È costituito da una fascia di territorio dell'Africa subsahariana, estesa tra il deserto del Sahara a nord, la savana del Sudan a sud, l'oceano Atlantico a ovest e il Mar Rosso a est. Raggruppa gli Stati del Gambia, Senegal, la parte sud della Mauritania, il centro del Mali, il Burkina Faso, la parte sud dell'Algeria e del Niger, la parte nord della Nigeria e del Camerun, la parte centrale del Ciad, il nord del Sud-Sudan e l'Eritrea. Costituisce un'area di passaggio climatico dall'area secca, steppica del Sahara a quella fertile della savana alberata sudanese.

In questa fascia di terra lunga oltre cinquemila chilometri le stagioni dell'anno sono cinque. C'è anche la cosiddetta *stagione della fame*: è il periodo compreso tra giugno e settembre, tra l'esaurimento delle riserve e l'inizio del raccolto. Non è una stagione che induce all'ottimismo e ogni anno peggiora una situazione già drammatica. Ventinove milioni di persone, nel Sahel, hanno oggi bisogno di assistenza e protezione: un dato triplicato nel giro di due anni. Inoltre, il numero di persone che richiedono un intervento immediato è aumentato di quasi otto volte: da 143mila nel 2019 alle 811mila nel 2021.

In quest'area le misure restrittive legate alla pandemia, così come la paura del contagio e il "marchio" della malattia, hanno generato un impatto negativo sull'attuazione dei programmi di nutrizione. La pandemia ha causato un allarmante aumento dell'insicurezza alimentare con la chiusura dei mercati, il calo della produzione agricola, l'interruzione delle attività economiche delle famiglie, la riduzione e in certi casi la fine delle opportunità di lavoro, e il blocco dell'approvvigionamento.

E come se ciò non bastasse, Garroni avverte di altre gravi calamità: la violenza, l'aggressività, il maltrattamento, la brutalità, la prepotenza, il sopruso.

«La violenza provoca un doppio problema di accesso: da un lato, quello delle comunità verso i servizi di base come l'assistenza sanitaria, l'istruzione, le infrastrutture idriche; e dall'altro, quello degli operatori umanitari sempre più esposti alle conseguenze del conflitto e dell'insicurezza, che impediscono loro di accedere laddove c'è necessità per aiutare le popolazioni vulnerabili».

E come se non bastasse, a causa della siccità i terreni sono aridi, incapaci di alimentare il bestiame e di generare raccolti: migliaia di agricoltori e allevatori fanno fatica a provvedere a sé stessi e alle proprie famiglie.

«Per aiutare queste popolazioni che sono vittime dell'impatto contemporaneo di più emergenze» prosegue Garroni, «Azione contro la Fame ha sviluppato un *sistema di allerta precoce* basato sulla combinazione di dati e di intelligenza artificiale. Si tratta di un progetto avviato grazie alla collaborazione con l'Agenzia spaziale europea, nell'ottica di utilizzare il telerilevamento per monitorare in tempo reale lo stato della biomassa. L'obiettivo è quello di guidare i pastori della regione verso zone migliori in cui effettuare il pascolo».

Recentemente, in collaborazione con la Banca Mondiale e la Fondazione Principe Alberto II di Monaco, Azione contro la Fame ha ampliato l'area di copertura del programma e migliorato gli algoritmi per integrare immagini ad alta risoluzione delle acque superficiali e delle biomasse. In 107 siti di cinque Paesi (Mali, Niger, Senegal, Mauritania e Burkina Faso) vengono raccolte informazioni ogni dieci giorni sulle condizioni dei pascoli.

Tutte le informazioni raccolte sono trasmesse attraverso messaggi radio, tradotti in diverse lingue locali, e indicano una nuova via ai pastori, affinché possano trovare una terra capace di nutrire il proprio bestiame. Contemporaneamente viene anche redatto un "bollettino" periodico che comunica ai governi locali e ai donatori le zone in cui le scorte di acqua sono quasi esaurite.

«Il *sistema di allerta precoce* non è l'unica attività che realizziamo per fronteggiare il cambiamento climatico nel Sahel. Costruiamo anche le così dette *mezze lune del deserto*, piccole infrastrutture idrauliche per trattenere l'acqua piovana e promuovere colture più resistenti adatte anche a zone colpite dalla siccità. Il nostro obiettivo è quello di riattivare concretamente le economie locali».

E in questo, il ruolo della donna è essenziale. Le donne infatti sono un antidoto alla povertà. Una sola donna spesso ha in sé il potere e la forza di cambiare in meglio la sua comunità e la sua famiglia. Ricerche recenti sottolineano come le donne che partecipano alle decisioni familiari producono e guadagnano di più, con un aumento del reddito familiare fino al 20%.

La storia di María Josefina Roque, 30 anni, ci porta al confine tra l'America centrale e quella del sud. Josefina appartiene al gruppo etnico Maya Chortí, una comunità molto maltrattata dalla storia. La cultura Chortí abita il territorio che oggi appartiene all'Honduras e al Guatemala. Gli eredi sono considerati discendenti dei Maya. Di questa comunità indigena non si sa molto, se non che la sua esistenza è stata caratterizzata dal continuo saccheggio delle terre e dell'acqua. Si tratta di un popolo ridotto fino alle attuali trentamila persone che hanno attraversato numerose sciagure: dalla schiavitù sotto la dominazione spagnola, all'attuale persecuzione anti-indigena dell'Honduras. All'interno di un ecosistema sociale fortemente patriarcale, Josefina è oggi considerata una vera e propria pioniera, un'eroina universale nella lotta per i diritti delle donne. Per prima nella sua comunità, la Ceiba Talquezal in Jocotán del Guatemala, ha superato le barriere del machismo diffuso e dell'analfabetismo cui tutti, e in particolare le donne, erano da sempre condannati. María Josefina è diventata la segretaria della banca delle sementi del suo distretto, un progetto di Azione contro la Fame che cerca di variare la dieta delle famiglie e di stabilizzare i prezzi dei beni di prima necessità. In una comunità in cui le donne vivono completamente relegate alle faccende domestiche e ai campi, Josefina – già mamma di quattro figli – è stata accettata da coloro che prima la disprezzavano per essere una donna così capace e impegnata.

Dal Sud America all'Asia c'è un paese dove mettere il cibo sulla tavola è sempre stata una sfida. E col tempo la situazione si è solo aggravata.

La povertà, in India, è ben lontana dall'essere sradicata. Si stima che il 23,6% della popolazione, pari a circa 276 milioni di persone, viva con meno di un dollaro e 25 centesimi al giorno per provvedere alle proprie necessità. Questa circostanza incide profondamente sulla possibilità delle famiglie di acquistare cibo nutriente.

La mancanza di cibo, l'impossibilità di accedere ai mercati per la carenza di trasporti, le insufficienti risorse finanziarie sono tutti fattori che, insieme, generano l'insicurezza alimentare. Negli ultimi trent'anni il numero di disastri naturali legati al cambiamento climatico ha prodotto conseguenze drammatiche: infrastrutture danneggiate, diffusione delle malattie, impossibilità di coltivare la terra, di allevare il bestiame.

Il Covid-19 poi ha contribuito a mettere definitivamente in ginocchio l'India. Oggi, per 140 milioni di persone senza lavoro, mettere il cibo in tavola è diventata una sfida impossibile. E con la chiusura delle scuole, 300mila bambini rischiano la malnutrizione, perché non hanno accesso regolare ai pasti.

«Azione contro la Fame», prosegue Simone Garroni, «opera al momento in quattro stati dell'India (Maharashtra, Madhya Pradesh, Rajasthan e Gujarat) intervenendo in 554 villaggi e 6 aree urbane. L'obiettivo è quello di garantire supporto nutrizionale alle famiglie più in difficoltà. Uno dei progetti avviati dall'organizzazione consiste nella realizzazione di *orti giardino*. Si tratta di un intervento che viene promosso allo scopo di consentire a centinaia di migliaia di persone di liberarsi dall'insicurezza alimentare, dopo aver ricevuto da Azione contro la Fame formazione, semi, terra e attrezzi da lavoro».

La produzione personale di frutta e verdura, infatti, fornisce alle famiglie l'accesso diretto a importanti nutrienti che sul mercato potrebbero non essere disponibili o economicamente alla loro portata. Gli *orti giardino* sono, di fatto, uno strumento concreto contro la malnutrizione: aumentano la diversità degli alimenti, promuovono l'autosufficienza, rappresentano una fonte di reddito aggiuntivo grazie alla vendita di una percentuale dei prodotti dell'orto e, soprattutto, consentono alle donne di essere autonome e di ritagliarsi un ruolo nella società. Grazie ad alcune esperienze dell'*orto giardino*, molte donne hanno conquistato la loro autonomia.

L'*orto giardino* porta al sistema di quella che viene chiamata *agro-ecologia*, che mira a trovare una sintonia con l'ambiente. Oltre all'assenza di prodotti fitosanitari, all'uso del compost e alla ricerca della complementarità tra le specie, l'agro-ecologia fa propri alcuni importanti parametri di gestione ecologica, come l'uso parsimonioso dell'acqua e dello spazio coltivato, la riforestazione e la lotta all'erosione.

«L'obiettivo di Azione contro la Fame è quello di sostenere un'agricoltura di tipo familiare e di prossimità, capace di far fronte alle esigenze alimentari e nutritive delle diverse comunità riducendo, allo stesso tempo, le pressioni sulle risorse naturali».

Uno dei Paesi maggiormente danneggiati e impoveriti dalle tante calamità rimane il Libano. La crisi economica senza precedenti acuita dal Covid-19 e dall'esplosione del 4 agosto 2020 nell'area del porto, con la morte di 214 persone e il ferimento di altre 7mila, ha ridotto la popolazione allo stremo. Il governatore di Beirut ha stimato che circa 300mila persone sono rimaste senza casa, cioè due terzi della popolazione. L'inflazione alle stelle ha fatto perdere alla moneta locale più del 90% del suo valore di mercato, impedendo l'accesso ai beni essenziali da parte della popolazione e costringendo sempre più persone a dipendere dagli aiuti umanitari.

Secondo il World Food Programme il prezzo di un paniere alimentare è aumentato, in Libano, di almeno cinque volte dall'ottobre 2019 e, di conseguenza, il 22% dei libanesi, il 50% dei rifugiati siriani e il 33% dei rifugiati di altre nazionalità vivono oggi una condizione di totale insicurezza alimentare.

Anche l'impatto della crisi economica sul settore agricolo è devastante: difficoltà di accesso alle materie prime e all'acqua utile per l'irrigazione, restrizioni legate al contenimento del virus e carenza di carburante hanno contribuito a diminuire il volume della produzione e, di conseguenza, la capacità di sostentamento dei piccoli agricoltori. Così crescono la povertà e le tensioni sociali.

«Azione contro la Fame», dice Garroni, «ha messo in campo tre azioni parallele: abbiamo avviato un progetto di sostegno al settore agricolo a Bekaa, Nabatiye e a Beirut per sostenere le famiglie vulnerabili preservando il patrimonio dei piccoli agricoltori e delle cooperative agricole. Quindi abbiamo implementato le attività di consulenza in materia di nutrizione e salute. E inoltre abbiamo sviluppato un'azione per aiutare i soggetti più fragili ad aumentare il loro grado di autosufficienza, con il conseguente accesso a un salario minimo mensile».

Ma non c'è solo l'agricoltura a salvare le martoriate popolazioni di questa parte del pianeta. Dalla Palestina arriva un'altra storia. Le protagoniste sono due sorelle, Wafaa e Hanaa. «Nemmeno nei nostri sogni più folli avremmo immaginato di esportare i nostri prodotti artigianali in tutta la West Bank», dicono mostrando con orgoglio i cuscini e le lenzuola che hanno disegnato e cucito insieme. West Bank è il nome del territorio situato sulla riva occidentale del fiume Giordano che fu annesso alla Giordania nel 1950 e occupato da Israele nel 1967: oggi è la Cisgiordania, nome con il quale si designa comunemente quella parte della Palestina che comprende, fra l'altro, il settore orientale di Gerusalemme.

Wafaa e Hanaa non smettono di sognare: vorrebbero trasformare la loro attività in una piccola azienda, ma farlo nei territori palestinesi occupati non è per nulla facile. A cinquantadue anni dall'inizio dell'occupazione israeliana e a dodici dal blocco della Striscia di Gaza e della Cisgiordania, le restrizioni al movimento delle merci e delle persone non consentono lo sviluppo di alcuna attività produttiva. «Possiamo lasciare Gaza solo a condizioni molto restrittive», spiega Wafaa. «Non siamo ancora riuscite a consegnare i grandi ordini che abbiamo iniziato a ricevere dalla West Bank attraverso la nostra pagina Facebook». Hanaa, 35 anni, è madre di sei figli, ed è l'unica a provvedere economicamente alla famiglia da quando suo marito ha perso il lavoro in Israele. I frequenti scontri a Gaza hanno segnato anche la vita di Wafaa, 25 anni: nel 2014 il piccolo laboratorio di cucito che aveva creato in casa per sostenere i suoi studi universitari è stato completamente distrutto. Attraverso il progetto di imprenditoria femminile di Azione contro la Fame, le sorelle hanno iniziato così a lavorare insieme. Il corso di formazione ha insegnato loro come dirigere un'impresa e come gestire la pubblicità attraverso Facebook.

Africa, Medio-Oriente, Asia: tre storie da tre continenti per illustrare la portata del fenomeno nel pianeta.

Dal Niger arriva la storia di Maryam Abouacar. Una storia che dimostra come le donne siano oggi un antidoto alla povertà.

Maradi è tra le regioni del Niger più segnate dall'insicurezza alimentare, piaga che affligge 2 milioni e 600mila persone in tutto il Paese. Maryam Abouacar è una psicologa infantile. Negli ultimi anni ha curato 4.500 casi di malnutrizione acuta al Centro di riabilitazione nutrizionale di Mayahi fondato da Azione contro la Fame. Maryam, ogni mattina, trasmette la sua energia all'intero centro nutrizionale. Porta un sorriso alle madri e ai bambini malnutriti, aiuta i più piccoli a camminare di nuovo. Sa che la sua forza spaventa gli uomini. Maryam, 38 anni, lavora con Azione contro la Fame dal 2013 e per molti uomini e donne della sua comunità rappresenta un esempio da seguire. È disposta a dare tutto per un bambino, anche il proprio sangue: non ci pensa due volte a sottoporsi a una trasfusione per salvare la vita di un piccolo affetto da anemia. Il suo obiettivo è rompere le barriere culturali, incoraggiare la pianificazione familiare e soprattutto rafforzare il legame mamma/bambino, che spesso si deteriora dopo il ricovero in ospedale per l'allontanamento fisico e affettivo.

«Ciò che è preoccupante», si interroga Simone Garroni, «è il susseguirsi delle troppe crisi del pianeta. Le conseguenze dei cambiamenti climatici sono sempre più visibili e minacciano, ogni giorno, sempre più persone: siccità, inondazioni, tempeste sono in costante aumento e colpiscono più duramente le popolazioni già vulnerabili. Di fronte al susseguirsi di queste crisi, il personale impegnato nei quasi 50 Paesi presidiati da Azione contro la Fame, anche alla luce della recente emergenza Coronavirus, sta intervenendo, in tempi rapidi, sul versante della prevenzione e della cura della malnutrizione, dell'accesso all'acqua e dell'assistenza sanitaria. Allo stesso tempo stiamo lavorando in un'ottica di medio-lungo termine, per proporre soluzioni efficaci finalizzate a rendere le popolazioni locali più resistenti. Per questo crediamo molto nell'agro-ecologia nell'ambito della agricoltura contadina, perché ha il grande merito di sostenere le necessità delle popolazioni locali e di ridurre le pressioni sulle risorse naturali. Questo sistema punta a trovare una simbiosi con l'ambiente, l'uso misurato dell'acqua e dello spazio coltivato, la riforestazione e la lotta all'erosione».

Si tratta dunque di un nuovo approccio che evidenzia i limiti dell'agricoltura industriale. Difatti il rapporto 2019 realizzato dall'Intergovernmental Panel on Climate Change (IPCC, il Gruppo intergovernativo sul cambiamento climatico è il foro scientifico, formato nel 1988 da due organismi delle Nazioni Unite, l'Organizzazione meteorologica mondiale e il Programma delle Nazioni Unite per l'Ambiente, con il compito di studiare il riscaldamento globale) aveva già dimostrato che i pericoli connessi allo sfruttamento intensivo di terre coltivabili costituiscono un tema che il mondo non può più ignorare. L'uso di pesticidi o le monocolture, per esempio, contribuiscono all'aumento dei gas serra, all'impoverimento e al degrado del suolo che va preservato come *serbatoio di stoccaggio* di carbonio utile per catturare e trattenere l'anidride carbonica dall'atmosfera. Nel 2019, i terreni agricoli hanno occupato circa il 38% della superficie. Questa superficie, oggi, continua a estendersi anche in conseguenza dell'aumento della domanda di prodotti animali, accrescendo i rischi legati alla deforestazione. Per questo gli esperti dell'IPCC hanno raccomandato un'agricoltura diversificata, territoriale e a misura d'uomo.

«È la ragione per cui Azione contro la Fame», dice Garroni, «ha promosso, in alcuni Paesi, corsi di formazione delle comunità locali, come in Camerun, un paese caratterizzato da un forte afflusso di rifugiati e sfollati interni a causa del conflitto nella Repubblica Centrafricana e delle violenze nella regione del Lago Ciad.

«La scuola agricola è, innanzitutto, un metodo per condividere esperienze. Ognuno arriva con la propria conoscenza e si impara insieme. Ogni membro del gruppo ha il suo campo, che coltiva secondo le tecniche apprese nella scuola contadina. Piantiamo sorgo, mais, arachidi, ceci. Si tratta di pratiche che non costano molto e che sono efficaci. Un campo senza fertilizzanti e insetticidi è più produttivo. Spesso i vicini che usano prodotti chimici vengono da noi e ci chiedono come facciamo. Le nostre piante crescono più delle loro. E molti contadini sono diventati autosufficienti e ci campano la loro famiglia. Famiglie spesso molto numerose anche di trenta persone fra mogli, mariti, figli, nipoti, che vivono tutti sotto lo stesso tetto, grazie allo stesso campo coltivato». Persone che hanno raggiunto i loro obiettivi e che diventano esempio per l'intera popolazione».

Ma è in Italia che Azione contro la Fame gioca la sua nuova carta.

«Di fronte all'intensificarsi di una crisi economica acuita dall'impatto del Covid-19», sostiene Garroni, «l'insicurezza alimentare ha dimostrato di sapersi incuneare in modo molto veloce anche in Italia. Per questa ragione, anche in ossequio all'esperienza maturata, abbiamo evitato di considerare la pandemia come fenomeno esclusivamente sanitario. Azione contro la Fame, nel resto del mondo e ora anche in Italia, intende alleviare le nuove sofferenze e le povertà determinate dall'impatto del Coronavirus e dalle pur necessarie e doverose misure di contenimento attuate dal Governo. Così abbiamo pensato di promuovere un intervento multisettoriale che non mira solo a dare cibo a chi non ce l'ha, ma anche a offrire ai più vulnerabili la possibilità di lasciarsi alle spalle l'emergenza per giungere all'autonomia».

È il progetto "*Dall'emergenza all'autonomia*", che intende importare in Italia l'esperienza maturata negli altri 50 Paesi, con l'obiettivo di aiutare le famiglie italiane rese più vulnerabili sia dalla difficile congiuntura economica che dall'impatto della pandemia.

«Si tratta di una attività pilota promossa per portare i beneficiari che hanno una concreta difficoltà di accesso al cibo a una sana alimentazione e alla piena autosufficienza».

Tre i cardini dell'iniziativa di Azione contro la Fame: il sostegno alla spesa con tessere mensili, che integrano le entrate e consentono l'acquisto di cibo e beni di prima necessità; una educazione alimentare per indirizzare i beneficiari verso una dieta sana e bilanciata, che favorisca la salute e il benessere del nucleo familiare, grazie al supporto degli esperti in nutrizione dell'organizzazione; e infine un'attività di formazione finalizzata allo sviluppo delle competenze personali, sociali e professionali per favorire l'occupazione e costruire la sicurezza alimentare nel lungo periodo.

«Il programma riserva una particolare attenzione alle famiglie con due o più figli, soprattutto con bambini di età inferiore ai 5 anni, con donne in gravidanza o neomamme, con genitori disoccupati o impegnati in lavori occasionali, con donne vittime di violenza. Per loro vengono organizzati percorsi formativi di gruppo e individuali guidati da professionisti allo scopo di implementare la propria autostima, la fiducia, la motivazione; favorire la conoscenza del mercato del lavoro; condividere i migliori metodi per preparare un curriculum vitae, una lettera di presentazione o un colloquio di lavoro, aumentando le loro possibilità di occupazione, per risolvere il problema della fame direttamente all'origine: e cioè la mancanza del reddito.

«L'intervento, nella sua prima fase, ha coinvolto 50 famiglie vulnerabili della periferia di Milano (250 persone in totale) già nei primi mesi del 2022 e, inizialmente, si è sviluppato all'interno del Municipio 8 della città, irrobustendo ulteriormente il contributo offerto dall'attuale rete di solidarietà già attiva intorno al nuovo *hub*, spazio "in difesa delle famiglie" del quartiere Gallaratese. Un network che unisce alla lotta allo spreco alimentare la possibilità di accedere a un mercato solidale per nuclei in difficoltà e a una serie di servizi a beneficio delle famiglie. Il modello sul quale è basato il programma è già stato testato in Spagna, Palestina, Georgia e in diversi Paesi dell'America Latina, ricevendo diversi riconoscimenti, tra cui il Premio "REGIOSTAR"[1] dell'Unione Europea, come buona pratica per promuovere una crescita inclusiva».

[1] I premi REGIOSTARS vengono assegnati in occasione di un concorso annuale, organizzato dalla Direzione Generale per la Politica Regionale e Urbana della Commissione Europea. Mira a identificare le buone pratiche nello sviluppo regionale e a evidenziare progetti innovativi finanziati dall'Unione Europea, che potrebbero essere attraenti e stimolanti per altre regioni e project manager.

FINE GUERRA MAI?

«La guerra comincia spesso con l'insofferenza per la diversità dell'altro, che fomenta il desiderio di possesso e la volontà di dominio. Nasce nel cuore dell'uomo dall'egoismo e dalla superbia, dall'odio che induce a distruggere, a rinchiudere l'altro in un'immagine negativa, a escluderlo e cancellarlo. La guerra si nutre di perversione delle relazioni, di ambizioni egemoniche, di abusi di potere, di paura dell'altro e della differenza vista come ostacolo; e nello stesso tempo alimenta tutto questo»[1].

Non è un messaggio del 2022. Non è un'allerta conseguente alla disastrosa guerra in Ucraina. È il messaggio di papa Francesco per la Giornata della Pace del 2020. In quel mercoledì 1° gennaio, la Comunità di Sant'Egidio ha dato appuntamento ai suoi giovani e meno giovani alle 10.30 in piazza Giovanni XXIII. Da lì in processione verso la vicina piazza San Pietro, dove alle 12, Francesco si affaccia alla finestra del Palazzo Apostolico e – come in un presagio – ammonisce il mondo sugli effetti nefasti della guerra. Anzi delle guerre.

[1] Papa Francesco, Messaggio per la Pace, 1° gennaio 2020.

«La nostra comunità umana» dice il Pontefice «porta nella memoria e nella carne, i segni delle guerre e dei conflitti che si sono succeduti con crescente capacità distruttiva, e che non cessano di colpire specialmente i più poveri e i più deboli. Intere nazioni stentano a liberarsi dalle catene dello sfruttamento e della corruzione che alimentano odi e violenze. Ancora oggi a tanti uomini e donne, a bambini e anziani, sono negate la dignità, l'integrità fisica, la libertà, compresa quella religiosa, la solidarietà comunitaria, la speranza nel futuro. Tante vittime innocenti si trovano a portare su di sé lo strazio dell'umiliazione e dell'esclusione, del lutto e dell'ingiustizia, se non addirittura i traumi derivanti dall'accanimento sistematico contro il loro popolo e i loro cari».

È una mattina rigida quella dell'1° gennaio 2020. In piazza San Pietro ci sono 5°C, il cielo è coperto ma la giornata è serena, non piove e la piazza è gremita. Il discorso del Papa prosegue e le sue parole sembrano annunciare ciò che ancora dovrà accadere: «Le terribili prove dei conflitti civili e di quelli internazionali», dice «aggravate spesso da violenze prive di ogni pietà, segnano a lungo il corpo e l'anima dell'umanità. Ogni guerra, in realtà, si rivela un fratricidio che distrugge lo stesso progetto di fratellanza, inscritto nella vocazione della famiglia umana».

Due anni dopo, nel 2022, la mappa del mondo è disseminata di morte. E la guerra in Ucraina è soltanto la più recente tragedia umana. Ci sono quasi 900 conflitti nel pianeta. Ma sebbene travolti dallo sgomento per la guerra in Ucraina non si deve dimenticare nessuno di loro.

Le guerre sono presenti in tutti i continenti, focolai di crisi praticamente ovunque, anche nei luoghi più insospettabili. Un quadro desolante, un disastro umano, un mondo puntellato di conflitti, di morti, di sfollati, di fame, di povertà, di bambini dispersi, di anziani lasciati morire.

Secondo il portale "Guerre nel Mondo", sono attualmente 70 i Paesi in guerra per un totale di 869 guerre e guerriglie (milizie-guerriglieri e gruppi terroristi-separatisti-anarchici)[2]. Questa la mappa:

- Africa: 31 Stati e 291 guerre e guerriglie
- Asia: 16 Stati e 194 guerre e guerriglie
- Medio Oriente: 7 Stati e 266 guerre e guerriglie
- Europa: 9 Stati e 83 guerre e guerriglie
- Americhe: 7 Stati e 35 tra cartelli della droga, guerre e guerriglie.

Inoltre ci sono 47 territori che cercano l'indipendenza, in modo più o meno pacifico: 20 sono in Asia; 10 in Africa; 13 in Europa; 2 in Medio Oriente; 2 in Oceania[3].

Tanti i giochi di potere in atto, troppe le aree geopolitiche coinvolte; troppi gli interessi politici e finanziari. A partire dal braccio di ferro fra Usa e Cina.

La sfida principale, tra Washington e Pechino, è per ora più politica che militare, ed è soprattutto incentrata nel Pacifico. Il 2021 è stato l'anno dell'accordo AUKUS[4] tra Stati Uniti, Regno Unito e Australia. Un patto il cui intento è quello di creare un'alleanza in grado di essere un deterrente per le mire cinesi nell'area, con un interesse mirato soprat-

[2] Andrea Degl'Innocenti, in *italiachecambia.org*, 13 aprile 2022.

[3] Roberta De Carolis, in *italiachecambia.org* e *FareRete.org*, 26 febbraio 2022.

[4] AUKUS (acronimo inglese delle tre nazioni firmatarie) è un patto di sicurezza trilaterale tra Australia, Regno Unito e Stati Uniti, annunciato il 15 settembre 2021. «L'obiettivo dell'intesa, oltre a prevedere una stretta collaborazione in settori attinenti all'intelligenza artificiale e alla cybersicurezza, è sicuramente il contenimento dell'espansionismo cinese nell'area indo-pacifica. Per perseguire questo scopo, Stati Uniti e Regno Unito forniranno all'Australia la tecnologia necessaria per dotarsi di una flotta di sottomarini a propulsione nucleare, un'arma di deterrenza che Canberra necessita per operare nello strategico e conteso Mar cinese meridionale» (*orizzontipolitici.it*, 19 ottobre 2021).

tutto sull'isola di Taiwan, importante crocevia economico. Taiwan, l'isola rivendicata da Pechino, dove spesso è segnalata la presenza di truppe USA, e dove i cinesi hanno compiuto non poche manovre di sorvolo dello spazio aereo.

Poi il conflitto afghano, lungi dall'essere considerato concluso. I talebani sono nuovamente al governo, ma devono far fronte ai numerosi problemi che rischiano di destabilizzare il Paese. A partire da una crisi economica generata dal congelamento delle riserve estere del passato governo afghano, una circostanza che sta impedendo al Movimento di riavviare commerci e pagare gli stipendi. A questo si aggiunge la mai sopita questione legata alla presenza dell'Isis.

Poi c'è l'instabilità del Kazakistan nell'Asia centrale, che potrebbe avere ripercussioni importanti per diversi motivi. Per esempio, sarebbe una nuova spina nel fianco per la Russia all'interno dello spazio ex-sovietico, e potrebbe richiamare ulteriore destabilizzazione anche nei Paesi vicini. L'area centroasiatica è strategica e delicata, anche sotto il profilo geografico, nell'ottica del confronto tra Stati Uniti da un lato e Russia e Cina dall'altro.

La precarietà regna in Libia, Paese ancora molto frammentato sia a livello politico che militare, dove non c'è chiarezza sull'attuale assetto istituzionale, il reale controllo del territorio è affidato a milizie di ogni tipo e sono ancora numerosi i mercenari stranieri. A più di dieci anni dalla morte di Gheddafi, il Paese non ha trovato la sua stabilità e la possibilità di una ripresa su larga scala della guerra non è così vicina. L'importanza strategica della Libia è fondamentale nello scacchiere internazionale, e il conflitto al suo interno è uno dei più importanti.

Ma tra i fronti più caldi del pianeta c'è la guerra nel Tigray in Etiopia. Forse il conflitto del quale la comunità internazionale si è occupata e si occupa di meno. Eppure è una guerra dura, terribile, che tra il 2020 e il 2021 ha contato migliaia di morti e ha generato instabilità nella più grande economia del Corno d'Africa.

L'infinito conflitto in Siria. Una guerra quasi scomparsa dai circuiti mediatici. Ma la guerra c'è e crea forte instabilità a livello internazionale. Al di là delle tensioni politiche ed economiche tra Russia e Turchia, ora alterate dalle recenti posizioni sulla guerra in Ucraina, una recrudescenza del conflitto coinvolgerebbe ancora di più le due nazioni con l'aggiunta degli USA ancora presenti nelle zone petrolifere lungo il fiume Eufrate. La Siria di fatto rappresenta una partita a scacchi ancora in corso tra le varie potenze che qui hanno interessi.

E poi i conflitti sul nucleare Iran-Iraq, anche se Teheran e Washington tentano la via del dialogo. Ma il braccio di ferro tra le due parti è uno dei punti più caldi del 2022. Nessuno dei due Stati ha escluso il ritorno alla minaccia bellica. E a questo si aggiungono gli interessi israeliani, preoccupati dai programmi di arricchimento dell'uranio da parte della Repubblica Islamica e ha più volte colpito, sul finire del 2021, obiettivi iraniani in Siria.

Tra Israele e Palestina le tensioni non si sono mai attenuate. La situazione in Cisgiordania e a Gaza è sempre incandescente. Lo scorso anno si è sfiorata la terza intifada e nella striscia di Gaza si sono riviste scene di guerra dopo lo scontro tra Israele e Hamas. La tensione nella regione è ancora molto alta.

C'è un'altra guerra vergognosamente dimenticata: quella in Yemen: va avanti dal 2015. Da allora il conflitto non si è mai interrotto e ha causato gravi ripercussioni sotto il profilo umanitario. La guerra si è rivelata disastrosa con un ulteriore aumento dell'intensità degli scontri. Già prima che i combattimenti scoppiassero, all'inizio del 2015, lo Yemen era uno dei Paesi più poveri del mondo arabo. Ora, quasi un decennio di guerra ha lasciato sul campo migliaia di morti e più di 4 milioni di persone sfollate. I combattimenti tra le forze della coalizione governativa e i ribelli nel Paese continuano a danneggiare e sfollare le famiglie yemenite. L'impatto del conflitto sulle infrastrutture del Paese è stato devastante, con importanti rotte terrestri e aeroporti gravemente danneggiati. I blocchi sulla costa dello Yemen hanno notevolmente limitato la quantità di aiuti umanitari. 16 milioni e 200mila yemeniti sono in condizioni di insicurezza alimentare e i tassi di malnutrizione tra donne e bambini rimangono tra i più alti del mondo[5].

«L'Ucraina non sarà mai più la stessa e se continua così non credo che vivrò abbastanza per vederla rifiorire», ha scritto l'ex ministra italiana Rosy Bindi[6] in un articolo per il portale *UmbriaLeft.it*. «Dal 1979 abbiamo perso l'Afghanistan e il suo patrimonio di cultura, storia e civiltà, distrutto dagli interessi delle superpotenze dell'epoca in una guerra lunghissima e sanguinaria giustificata dagli equilibri della Guerra Fredda. La Palestina è ridotta a isole galleggianti nel territorio di Israele che ne rivendica un pezzetto ogni giorno, per i coloni che necessitano di spazio per le loro famiglie numerose e acqua per assicurare le esigenze di sopravvivenza. La lotta violenta dei Palestinesi per soprav-

[5] Mario Indelicato, *I dieci conflitti da monitorare nel 2022*, in "Inside Over", 8 gennaio 2022.

[6] Rosy Bindi, politica italiana, già ministra della Sanità dal 1996 al 2000 e ministra per le Politiche per la famiglia dal 2006 al 2008; è stata vicepresidente della Camera dei deputati dal 2008 al 2013, presidente del Partito Democratico dal 2009 al 2013 e presidente della Commissione parlamentare antimafia dal 2013 al 2018.

vivere è ignorata da tutti perché tanto nel *Middle East* si sparano da sempre e anche il patrimonio culturale e storico di questo popolo viene depauperato ogni giorno.

«L'Iraq non esiste più com'era, dal 1991. Nel 2003 è stato invaso con un pretesto, perché la dottrina *Monroe*[7] pone gli Stati Uniti – come la Russia del resto – al di sopra di tutti i trattati internazionali e gli dà diritto di colpire ovunque siano messi in difficoltà i loro interessi, quali non importa. Dell'Iraq abbiamo perso quasi tutto della sua cultura e del suo patrimonio; le biblioteche, gli archivi sono stati bombardati; i tesori sottratti e sparpagliati in giro per il mondo e solo parzialmente restituiti. La Siria, me la sono persa per sempre e se la sono persa i siriani usati come carne da macello. Lo Yemen è un Paese antichissimo, distrutto da una guerra che fa più morti per fame che per bombe. Quasi 400mila, ma anche questo non è un genocidio. E oggi pare che in Ucraina si continuerà a morire fino alla vittoria: quale? di chi?»[8].

Dall'Afghanistan, alla Libia, al Myanmar, alla Palestina, alla Nigeria, sono molte le popolazioni del mondo per cui il conflitto è la tragica normalità.

Secondo quanto riportato da "Armed Conflict Location & Event Data Project" (ACLED)[9], una organizzazione non convenzionale che si occupa di raccogliere dati non aggregati per monitorare i conflitti, l'Africa è il continente più

[7] La *dottrina Monroe* indica un messaggio ideologico del presidente USA James Monroe contenuto nel discorso sullo stato dell'Unione pronunciato innanzi al Congresso il 2 dicembre 1823, in cui si esprime l'idea della supremazia degli Stati Uniti nel continente americano.

[8] Rosy Bindi, *L'Ucraina non sarà mai più la stessa*, in "UmbriaLeft.it", 22 giugno 2022.

[9] Il progetto sulla posizione del conflitto armato e sui dati degli eventi in "Acleddata.com", 3 giugno 2022 – 1 luglio 2022.

martoriato: in esso a volte è anche difficile definire i confini dei vari conflitti e isolarli gli uni dagli altri. Secondo "Nigrizia" (la rivista italiana mensile dei missionari comboniani dedicata al continente africano e agli africani nel mondo) il 2021 è stato un anno particolarmente tumultuoso: pochi i conflitti che si sono conclusi, molti si sono intensificati, altri rischiano di scoppiare. Ci sono almeno una ventina di principali "aree di crisi" nelle Afriche. Sempre secondo ACLED sono 12 i Paesi che dal 1° gennaio 2021 all'8 aprile 2022 hanno superato la soglia dei mille morti per le violenze armate: Nigeria (10.584), Etiopia (8.786), Rd Congo (5.725), Somalia (3.523), Burkina Faso (2.943), Mali (2.344), Sud Sudan (2.160), Repubblica Centrafricana (1.801), Sudan (1.342), Niger (1.324), Mozambico (1.276), Camerun (1.141). Decine di milioni sono i profughi[10]. E un rapporto dell'Istituto per l'economia e la pace afferma che tra il Medio Oriente e il Nord Africa si è registrato il 39% delle morti legate al terrorismo in tutto il mondo tra il 2007 e il 2021. E il Sahel sta diventando il nuovo epicentro del terrorismo[11].

Dunque interessi politici, geografici, economici, finanziari, la stessa industria bellica: sono tante le cause che ci fanno pensare a un mondo incapace di vivere senza la guerra. E spesso si dimentica la *persona*, che invece dovrebbe stare al centro di tutto. L'essere umano con le sue necessità.

Si dice spesso che la fame nel mondo – tra le sue cause – da sempre annovera le guerre, rispetto alle quali esiste uno stretto legame di interdipendenza, che vede queste due pia-

[10] In "Nigrizia", aprile 2022.
[11] Andrea Degl'Innocenti, in *italiachecambia.org*.

ghe fomentarsi a vicenda. La fame accende i conflitti e la guerra produce carestie.

La crisi economica, soprattutto di questi ultimi anni post-pandemia e dopo l'invasione russa dell'Ucraina, rivela indici di depressione mai raggiunti nel corso degli ultimi vent'anni. Tra il 2011 e il 2012 sono cresciuti di circa un milione e mezzo sia i poveri di "povertà relativa", cioè coloro che non possono fruire di beni o servizi in rapporto al reddito pro capite medio di un determinato Paese, sia i poveri di "povertà assoluta", cioè quelle famiglie o quelle persone che non possono permettersi le spese minime per condurre una vita accettabile. La disoccupazione ha raggiunto cifre record colpendo tutto l'arco dell'età lavorativa e in particolare il mondo giovanile, con gravi riflessi economici, psicologici e sociali. La povertà ha superato da anni le caratteristiche tipiche del fenomeno transitorio e congiunturale, per assumere i connotati di una decadenza, di un regresso strutturale, che allarga progressivamente le disuguaglianze sociali, intacca i diritti fondamentali dei cittadini e per questo chiama in causa le grandi scelte politiche e richiede la mobilitazione di tutte le forze culturali e sociali.

Magnus MacFarlane-Barrow, fondatore del movimento Mary's Meals, sostenuto da persone di diversa estrazione sociale, di diversa provenienza e di diverso credo religioso, ha un unico obiettivo: offrire a ciascun bambino un pasto quotidiano e completo presso il proprio luogo di istruzione o la propria scuola. Perché, sostiene MacFarlane-Barrow, «il pasto distribuito nelle scuole blocca la fame, favorisce l'istruzione, aumenta la frequenza e attira sempre più bambini all'educazione».

Magnus MacFarlane-Barrow è convinto che «volgendo uno sguardo più ampio alla storia, non credo che oggi ci siano più guerre che in passato. La storia umana è segnata da conflitti, sin dai tempi di Caino e Abele. Non sono neanche d'accordo sul fatto che il mondo sia troppo densamente popolato e che esista un legame tra densità di popolazione e guerra. La competizione per le risorse è certamente uno dei fattori che generano conflitti, ma mi sembra che la gente si desse battaglia anche quando la popolazione mondiale era una piccola frazione rispetto al numero di persone che oggi abitano la Terra. Avidità, sete di potere e intolleranza verso "l'altro" (cioè verso le diverse culture, religioni, razze), sono queste forse le cause principali dei conflitti bellici. Sono cose che risiedono nel cuore umano, a prescindere dalle dimensioni della popolazione, della povertà, dell'accesso alle risorse.

«È importante riconoscere che nel mondo ci sono risorse sufficienti perché tutti possiamo vivere bene. Come diceva Gandhi, "il mondo ha abbastanza per soddisfare i bisogni di tutti, ma non per soddisfare l'avidità di tutti". La falsa teoria del mondo sovrappopolato giustifica la corsa alle risorse e genera paura: e la paura è un altro seme della guerra. Se riconosciamo che vi sono risorse a sufficienza per tutti, sarà più probabile riuscire a costruire la pace. Ma questo richiede anche un sincero impegno per la giustizia, per una maggiore equità. Come può esserci una pace duratura se il 90% della popolazione mondiale, pur vedendo che il 10% muore di fame, non fa nulla per cambiare questo stato di cose, che invece sarebbe assolutamente possibile? Se vogliamo meno guerre, dobbiamo metterci urgentemente all'opera per creare un mondo più giusto per ogni individuo. E dobbiamo chiedere perdono per tutte quelle volte in cui abbiamo preso più pane del necessario, quel pane che appartiene a tutti!».

Dotato di una forza fisica che proviene dalla sua maturità (54 anni), da un rigore morale sorretto da una fede incrollabile (Mary's Meals significa *i pasti di Maria*), Magnus MacFarlane-Barrow si appassiona al tema e ripercorre la storia, andando indietro di qualche decennio, un periodo triste per l'umanità: «Circa ottanta anni fa, mentre l'Europa viveva una guerra terribile, una bambina di nome Anna Frank, nascosta in un rifugio per sfuggire ai suoi persecutori, scriveva: "La fame non è un problema, è un'oscenità. Che bello il fatto che nessuno deve aspettare un momento particolare per iniziare a cambiare il mondo".

«Oggi, guardandoci intorno, vediamo tante crisi alimentari già in atto, molte altre che subentrano, milioni e milioni di persone che scivolano nella fame cronica. Tanti Paesi in cui Mary's Meals ha introdotto i suoi progetti di alimentazione sono sconvolti da disordini interni: si tratta delle comunità più povere del pianeta. Nel Sudan del Sud, dove ogni giorno nutriamo circa 76mila bambini nelle scuole, la guerra continua imperterrita; milioni di bambini sono malnutriti e non ricevono un'istruzione, finendo per conoscere solo la guerra. In Etiopia, milioni di persone sono letteralmente sull'orlo della morte per inedia o stanno già morendo; le comunicazioni non funzionano, rendendo difficile acquisire conoscenze. La fame viene usata come arma di guerra.

«Oggi c'è il grande rischio che gli eventi disastrosi e altri imprevisti ci portino ad accettare la fame cronica e le carestie come realtà terribili ma inevitabili, impossibili da controllare. Sarebbe una menzogna, che viene portata avanti da molto tempo, ben prima che iniziassero i vari cataclismi nel mondo. Se l'uomo, di alcuni problemi quali la pandemia del Covid-19, non è il solo colpevole, lo è invece per altri fattori responsabili della fame quali le guerre, i cambiamenti climatici, la povertà, le diseguaglianze. Le carestie non avvengono dall'oggi al domani: si generano nell'arco di molti mesi, anzi di anni, e comunque colpiscono i poveri, gli emarginati, coloro che non hanno diritti. I ricchi non muoiono nelle carestie: la fame, infatti, non è dovuta alla mancanza di viveri, ma al fatto che diverse fasce della popolazione non sono in grado di acquistare le risorse disponibili. Ovviamente, questa situazione è accentuata laddove vi sono conflitti capaci di ostacolare i rifornimenti e la distribuzione di generi alimentari, e la fame viene usata appositamente come arma di guerra.

«In mezzo a queste atrocità, in cui si è tentati di cedere alla disperazione, ripenso ad alcune cose inerenti all'attività di Mary's Meals. Nel mondo vi è cibo a sufficienza per tutti noi. La fame non è un concetto astratto: è il male costante di un bambino che si vede privato della sua salute, della sua istruzione e dei suoi sogni. L'offerta di un pasto quotidiano in una scuola può cambiare radicalmente la vita di un bambino. Siamo fermamente convinti che i bambini che oggi ricevono la nostra assistenza potranno crescere ben nutriti e istruiti, e diventare uomini e donne che aiuteranno le proprie comunità a uscire dalla povertà e dalla dipendenza dagli aiuti umanitari».

Questa opera che Mary's Meals porta avanti ormai da 20 anni punta a ottenere una nuova generazione di bambini, che diventeranno poi adulti: la chiamano "Generazione Speranza". Il progetto va avanti senza sosta anche alla luce degli ultimi terribili dati elaborati dall'organizzazione.

«Negli ultimi due anni», dice Magnus MacFarlane-Barrow, «la percentuale di persone che soffrono la fame nel mondo è raddoppiata, mentre quella di coloro che vivono in condizioni di vera e propria carestia è aumentata del 500% a partire dal 2016. Secondo le stime attuali, il 50% dei bambini che vive nel Turkana – una vasta, aridissima regione del Kenya nordoccidentale caratterizzata da picchi di insicurezza alimentare – soffre di grave malnutrizione. Nel Corno d'Africa, 15 milioni di individui sperimentano la fame. Secondo i dati ufficializzati di recente da Save the Children e Oxfam, ogni 48 secondi una persona di questa regione muore di fame e, entro l'estate, vi saranno 350mila morti: a meno che non si intervenga urgentemente».

Non meno sofferente è un'altra regione dell'Africa: l'Etiopia.

«L'Etiopia, martoriata da disordini e violenze, è una delle nazioni più povere del mondo. Il 30,8% della popolazione vive al di sotto della soglia di povertà (stimata in 1,90 dollari al giorno) e il 36,8% dei bambini mostra disturbi nella crescita. Il Paese registra un tasso di abbandono scolastico spaventoso, pari al 61,8% tra i bambini in età di scuola elementare. Malgrado i recenti progressi delle iniziative volte a migliorare l'accesso all'istruzione, ancora 2.187.570 bambini di questa età non vanno a scuola. Due terzi di loro sono bambine. Ad Haiti, Paese noto per la sua instabilità politica e i suoi problemi ambientali, la malnutrizione è diffusa a causa della scarsa disponibilità di cibo. Circa 4 milioni e mezzo di persone sono a rischio fame. Una delle cause principali dell'indisponibilità di cibo in Haiti è costituita dalle scarse rese agricole e dalla forte dipendenza dalle importazioni, che rappresentano oltre la metà dei prodotti alimentari e l'83% del riso consumato. In questo contesto, l'accesso regolare all'istruzione è spesso problematico e si stima che mezzo milione di bambini non vada a scuola. Questi bisogni a cui cerchiamo di venire incontro non sono aride cifre o fredde statistiche, ma rappresentano la sofferenza patita concretamente da tante persone. Noi andiamo avanti, sapendo che il nostro desiderio di nutrire ogni giorno tutti i bambini è sempre realizzabile grazie a eroici collaboratori e volontari attivi in Etiopia, Haiti, Malawi, Kenya e in tanti altri Paesi. Gente infaticabile che ci permette di mantenere la promessa che abbiamo fatto a tanti piccoli bambini e bambine».

Nonostante questi sforzi umanitari, di Mary's Meals e di tante altre istituzioni e ONG, nel 2022 la mappa del mondo continua a essere disseminata di morte. Guerre in tutti i continenti, focolai di crisi praticamente ovunque, anche nei luoghi più insospettabili. Un quadro desolante, un mondo puntellato di conflitti, di morti, di sfollati. La guerra in Ucraina, pur terribile, non deve farci chiudere gli occhi, perché un disastro umano non è peggiore solo perché è più vicino.

«Sì», dice Magnus MacFarlane-Barrow, «una catastrofe umanitaria non è peggiore se avviene vicino a noi, anche se ovviamente siamo più inclini ad aiutare subito la persona che abbiamo davanti, un familiare, un amico, qualcuno incontrato per strada. Allo stesso modo ci sentiamo più in dovere di aiutare le persone nel nostro Paese rispetto a quelle che vivono dall'altra parte del mondo. Questo è normale. Però, se davvero consideriamo ogni persona del mondo nostro fratello e nostra sorella, la vicinanza geografica diventa meno rilevante, pur se abbiamo comunque una responsabilità particolare verso i familiari, gli amici e i vicini.

«La risposta generosa di tante persone in Ucraina mi ricorda come è nata Mary's Meals. Il dramma dei rifugiati che scappavano dalla guerra nella ex Jugoslavia ci suggerì di procurarci un camion e consegnare gli aiuti umanitari direttamente a quella gente, lo stesso che oggi fanno tanti in questa nuova guerra scoppiata in Europa. Poi, col passare degli anni, abbiamo iniziato a lavorare in Paesi lontani dal nostro continente, vedendo che nazioni come la Liberia, l'India e Haiti erano alle prese con livelli ben superiori di povertà e sofferenza. Decidemmo quindi di spostare il fulcro dei nostri sforzi verso i luoghi più poveri del mondo – soprattutto in Africa – dove milioni di persone ogni giorno sono costrette a lottare per sopravvivere. A volte temo davvero che tutta l'attenzione rivolta attualmente verso quest'ultimo conflitto in Europa ci porti a dimenticare e abbandonare i più poveri del pianeta. Dunque, era forse sbagliato aiutare allora la popolazione della ex Jugoslavia o oggi quella dell'Ucraina? Ovviamente no! Ringrazio Dio del fatto che tanti stanno consegnando aiuti umanitari all'Ucraina e accogliendo numerosi profughi ucraini nelle proprie case. Una cosa non deve escludere l'altra: è importante che tutti rispondiamo alle diverse richieste di aiuto secondo le nostre possibilità, secondo come ci sentiamo. Sarebbe decisamente sbagliato se ci precipitassimo tutti nello Yemen – dove pure è in atto la peggiore crisi umanitaria mondiale – dimenticandoci però di tutte le altre sofferenze umane. E poi, anche nei nostri Paesi c'è molto da fare. Però è vero che, da cristiani, dovremmo avere un amore speciale per i poveri e sentirci in dovere di mostrare un'attenzione particolare ai più miseri, ai più emarginati, a coloro che non hanno alcuna voce in capitolo. Non dimentichiamoci mai di loro, anche se siamo impegnati in ottime iniziative. Se facciamo attenzione, anche in una giornata fredda e burrascosa in Europa, sentiremo il grido dei bambini del Sudan del Sud, del Madagascar, di Haiti.

«La storia ci insegna che finché esisteranno persone, ci saranno guerre e conflitti. Gli esseri umani sono difettosi. Tuttavia, ognuno di noi ha la facoltà di scegliere. La guerra, penso, inizia dai nostri cuori – nel tuo, nel mio. Ma lo stesso vale per la pace. Non dobbiamo essere pessimisti sulle sorti del mondo! I progressi della scienza, della tecnica, delle comunicazioni ci permetteranno senz'altro di creare più opportunità, di costruire società più giuste, se solo scegliessimo di farlo. A mio avviso ci sono tanti motivi per sperare in un futuro migliore. Allo stesso tempo, però, abbiamo anche il potere di autodistruggerci. Si tratta, a mio parere, di una questione essenzialmente spirituale. Non possiamo avere la pace se ci comportiamo come se Dio non esistesse. Quando ci comportiamo in modo meno umano, il conflitto è inevitabile».

Mary's Meals è ormai una realtà che da oltre 20 anni opera nel campo dell'assistenza agli ultimi. È nata nel 2002, un anno di terribile carestia per l'Africa del Sud. Molti Paesi ne furono colpiti, primo fra tutti il Malawi, dove milioni di persone rischiavano di morire di fame. Da qui parte il cammino del Movimento.

«Io e altre persone», racconta con soddisfazione Magnus MacFarlane-Barrow, «abbiamo messo a punto un semplice progetto di alimentazione portando viveri in villaggi dove la gente, per sopravvivere, era costretta a mangiare foglie e radici di alberi. Mentre eravamo impegnati in questa attività, mi sono imbattuto in un ragazzo, Edward, che ha profondamente cambiato la mia vita e, nel tempo, anche quella di milioni di persone.

«Edward abitava in uno dei villaggi in cui avevamo introdotto il nostro progetto. Quando sono andato a trovarlo nella sua casa, ho scoperto che il padre era morto poco tempo prima. Anche la mamma, Emma, stava per morire. Edward, il figlio più grande, era seduto accanto a lei. Aveva 14 anni. Gli ho chiesto cosa desiderasse, cosa sperasse per la sua vita, e lui, guardandomi negli occhi, ha detto: "Vorrei poter avere cibo a sufficienza, e poi vorrei poter andare a scuola, un giorno". Queste parole riflettevano quanto avevo già visto molte altre volte lavorando nelle comunità più povere del mondo, incontrando bambini che non andavano a scuola perché affetti da fame cronica o perché erano costretti a lavorare, a mendicare, a fare qualsiasi cosa pur di procurarsi da mangiare, e così facendo non usufruivano di un'istruzione, l'unica cosa in grado di strapparli dalla miseria.

«Le parole dette da quel ragazzo mi hanno fatto riflettere, mi hanno portato a soffermarmi sul legame fra cibo e istruzione. Ho capito che la fame non è solo la conseguenza, ma anche la causa della povertà: Edward e milioni di bambini come lui, infatti, sono intrappolati nella miseria. Sono stati privati della possibilità di avere un futuro perché non possono andare a scuola, e così la generazione dopo di loro. Mary's Meals è una semplice iniziativa che spezza quel circolo vizioso offrendo un pasto quotidiano nelle scuole; in tal modo, non solo viene incontro alle esigenze immediate dei bambini affamati, ma affronta anche la causa soggiacente alla povertà permettendo loro di andare a scuola e ricevere così un'istruzione che potrà renderli liberi.

«Le persone "armate" di un'istruzione possono risolvere i problemi che affliggono le proprie comunità. Dopo aver passato tempo in svariate comunità, dopo la tanta esperienza maturata, oggi posso dire che ovunque c'è gente capace di rompere il circolo vizioso fame-povertà. Ho conosciuto tanti tipi di leader che spesso vengono privati di un'istruzione, anche quella di base: è da lì, credo, che occorre partire.

«La sostenibilità è di vitale importanza nella nostra attività ed è l'impronta del nostro modello di progetto. Il punto decisivo consiste nel produrre cibo in loco: laddove possibile, quindi, acquistiamo prodotti alimentari locali per preparare i pasti che serviamo nelle scuole, creando un mercato sicuro per gli agricoltori e le loro famiglie, e sostenendo la loro crescita economica. Continuiamo a dialogare con i governi affinché possano prendere in carico i progetti di alimentazione nelle scuole; capire cos'altro possono fare le comunità e cosa possiamo dare loro in cambio. Mentre le cose cambiano e le comunità vanno avanti, chiediamo loro di fare di più. Tendiamo quindi sempre all'ideale di renderle autosufficienti dalla nostra assistenza.

«La nostra priorità resta quella di mantenere la promessa fatta ai bambini da noi assistiti. Tuttavia, dobbiamo sempre sforzarci per cercare di arrivare al prossimo bambino in attesa. Il nostro grande desiderio è arrivare ad assistere tre milioni di bambini entro la fine del 2023 e 10 milioni fra 10 anni. Ma a prescindere dal fatto che riusciremo o meno a crescere a tale ritmo, il *fuoco* della nostra visione è più vivo che mai».

Per portare avanti questa *missione* la famiglia di Mary's Meals si diffonde sempre di più, con nuove sedi nazionali e gruppi di volontari attivi in Italia e in altri 20 Paesi del mondo.

«Prima di ogni altra cosa, vogliamo far sapere a chiunque ne abbia voglia che esiste un modo semplice e immediato per aiutare chi davvero ne ha più bisogno. Esistono centinaia di modi per far parte della nostra famiglia attraverso numerose iniziative di volontariato. Dai piccoli eventi organizzati in famiglia o con gli amici, al semplice passaparola anche attraverso i *social networks.* Dai mercatini solidali ai progetti nelle scuole. Dai partenariati aziendali alla partecipazione a eventi pubblici e manifestazioni. Ogni gesto conta. Se pensate che bastano solo 18 euro e 30 centesimi per sfamare un bambino per un intero anno scolastico, e cambiare la sua vita… Ognuno può davvero contribuire alla nascita e alla crescita della nuova "*Generazione Speranza*"».

POVERTÀ E SALUTE MENTALE

I dati dell'OCSE[1] dell'aprile 2019 dicono che la disuguaglianza nel mondo è in aumento. Nei Paesi più sviluppati il 10% più ricco della popolazione guadagna nove volte tanto il 10% più povero. In Italia il panorama è ancora peggiore, visto che da noi questo rapporto sale a undici volte. E la povertà porta con sé disuguaglianza non solo sul piano economico, ma anche sul piano della salute. E la salute mentale in particolare è uno dei rischi in agguato per chi possiede di meno. L'Organizzazione Mondiale della Sanità riporta che i disturbi mentali sono in media due volte più frequenti tra i poveri rispetto ai ricchi; e tra le persone con i livelli di educazione più bassa o disoccupate si rileva il tasso di malattia più alto. Nelle fasce meno agiate la depressione è da 1,5 a 2 volte più frequente; il rischio di sviluppare schizofrenia è 8 volte maggiore.

Secondo l'ISTAT dal 2005 al 2013, anni in cui la crisi economica è stata più pronunciata, l'incidenza di problemi di salute mentale è aumentata del 2,3%. Ma la disuguaglianza non è solo quella strettamente economica. Altre condizioni, infatti, rendono più esposte le persone al ri-

[1] Cfr. p. 101.

schio di patologia mentale: la disuguaglianza di genere (tre pazienti su quattro sono donne), la disparità di educazione, l'età (gli adolescenti sono i più colpiti), la regione di appartenenza, la solitudine, la povertà emotiva e quella affettiva[2].

Secondo il professore Bernardo Carpiniello, già presidente della Società Italiana di Psichiatria e dal 2021 vicepresidente del Consiglio delle Società Nazionali di Psichiatria (NPA, *National Psychiatric Association*) nell'ambito della Società Europea di Psichiatria, il rapporto fra disturbi mentali e povertà è sicuramente bidirezionale, nel senso che, spiega il professore, «abbiamo molte evidenze sul fatto che i disturbi mentali contribuiscano a generare povertà, e viceversa che la povertà può essere un fattore di rischio di sviluppo di patologie psichiche. Sappiamo da molto tempo che disturbi mentali gravi come ad esempio la schizofrenia possono determinare una progressiva perdita di status socioeconomico per chi ne soffre (la cosiddetta "deriva sociale"), alla cui origine contribuiscono diversi fattori legati direttamente alla patologia. Questi ultimi si correlano a una progressiva perdita delle capacità dell'individuo di lavorare o di trovare lavoro, generalmente dovuta in modo preponderante ai deficit delle funzioni cognitive e a quella parte (meno nota) della sintomatologia di questo disturbo costituita dai cosiddetti "sintomi negativi": come ad esempio il deficit della volontà (quella che definiamo come *abulia*); l'appannamento o l'indebolimento dell'affettività (*apatia*); la perdita della capacità di provare piacere e interesse (*anedonia*); i deficit nella motivazione alle interazioni interpersonali e sociali (*asocialità*).

[2] Rapporto Economico OCSE Italia, aprile 2019.

«Purtroppo, queste aree sintomatologiche sono quelle sulle quali ancora oggi le tecniche terapeutiche disponibili hanno dato scarsi risultati, con la conseguenza che nella gran parte dei casi le persone affette da questa patologia rimangono escluse dal mercato del lavoro. Va anche considerato che l'esclusione così frequentemente patita dalle persone affette da schizofrenia è anche frutto dei processi di disapprovazione, di condanna e di esclusione sociale legati a pregiudizi, a cui vanno ancora oggi incontro – tristemente – queste persone, quali la presupposta pericolosità e l'imprevedibilità. Anche i disturbi "comuni", cioè quelli molto più diffusi fra la popolazione in generale, come le varie forme di ansia e la depressione, sono collegati alla povertà attraverso i deficit prestazionali che essi inducono (ad esempio l'*astenia*, il *deficit della motivazione e di slancio vitale*, le *difficoltà di concentrazione*, l'*insonnia*, l'*umore depresso*). Solo per citare alcuni dati, diversi studi di popolazione nordeuropei e statunitensi dimostrano che il tasso di occupazione e i livelli di reddito si dimezzano in persone affette da depressione e/o ansia quando vengono paragonate a popolazioni di confronto, omogenee per caratteristiche demografiche».

Dunque sembrano esistere nessi causali tra povertà e disturbi mentali. Se così fosse, studiare i meccanismi alla base di questa relazione può rivelarsi fondamentale per compiere scelte politiche mirate per il benessere psicologico e il miglioramento delle condizioni economiche. Questa tesi è sostenuta in un lavoro condotto da Matthew Ridley, del dipartimento di economia dell'Istituto di Tecnologia del Massachusetts (il MIT)[3], insieme ad altri ricercatori della stessa

[3] L'Istituto di tecnologia del Massachusetts è una delle più importanti università di ricerca del mondo, con sede a Cambridge, nel Massachusetts.

struttura e di Harvard. Il loro scopo era quello di comprendere la relazione complessa e multidimensionale tra povertà e disturbi mentali analizzando i risultati sperimentali ottenuti in diversi studi che mostravano un effetto positivo del trattamento della malattia mentale sull'occupazione.

Eppure per molto tempo ansia e depressione sono state considerate "malattie del benessere", cioè patologie in grado di colpire principalmente coloro che appartenevano alle classi più agiate. Gli studi citati hanno dimostrato che, al contrario, è chi vive in povertà a correre un maggiore rischio di soffrire di disturbi mentali. Per Carpiniello l'ipotesi secondo cui ansia e depressione sono patologie legate al benessere è stata superata da una serie di evidenze scientifiche che dimostrano una relazione fra condizioni economiche e rischio di ansia e/o depressione, sia a livello comparativo fra nazioni a basso e alto reddito pro capite, sia fra gruppi di popolazione a basso e alto reddito all'interno di singole realtà nazionali.

«L'ipotesi esplicativa che viene generalmente proposta in letteratura per spiegare la relazione fra indigenza economica e ansia/depressione», sostiene il vicepresidente del Consiglio delle Società Nazionali di Psichiatria, «è quella che si rifà al ruolo dello stress, che notoriamente costituisce uno dei principali fattori di rischio per questi disturbi. Per stress si intende qualunque condizione di vita che sottoponga la persona a un particolare sovraccarico di tensione emotiva, con un conseguente notevole sforzo adattativo che va oltre le capacità di resistenza individuale. La povertà, che obbliga a privazioni a tutti i livelli, e nei casi estremi porta alla fame vera e propria, è indubbiamente un potente *stressor*. Chiaramente altri fattori contribuiscono a spiegare la genesi dell'ansia e della depressione. Tra di essi un ruolo cruciale è svolto dalla vulnerabilità, o dalla predisposizione, che può essere sia di natura biologica che psicologica. Ad esempio, nel caso della depressione, sappiamo che la predisposizione biologica su base genetica contribuisce in una misura stimata dal 30 al 50% al rischio di ammalarsi, mentre una proporzione analoga è da attribuire alla predisposizione acquisita in conseguenza di situazioni di vita avverse avvenute nell'età evolutiva, soprattutto nella prima e seconda infanzia, come ad esempio i lutti (la perdita di uno o entrambi i genitori), oppure l'aver subito condizioni di deprivazione affettiva o di veri e propri maltrattamenti (abusi fisici e/o sessuali), o abusi psicologici, per lo più avvenuti in ambito familiare».

Eppure, nel campo scientifico c'è il sospetto che le malattie mentali siano meno chiamate in causa quando si parla delle cause legate a questi grandi temi sociali. Nel 2009, il National Institute of Mental Health (Istituto Nazionale di Salute Mentale, l'agenzia federale leader per la ricerca sui disturbi mentali) ha sviluppato un progetto chiamato "Research Domain Criteria" (RDoC, quadro di ricerca per lo studio dei disturbi mentali), che aveva lo scopo di capire perché nel campo della medicina sia stato possibile sviluppare cure molto mirate, personalizzate e specifiche per alcune patologie – per il tumore al seno, ad esempio, dove è possibile prevedere chi è più a rischio di sviluppare la malattia, studiando i geni alterati – ma questo non è ancora successo per le malattie mentali.

Per Carpiniello i fattori genetici hanno un ruolo importantissimo nella genesi dei disturbi mentali. «Pensiamo che in alcuni casi – come il disturbo bipolare dell'umore – la genetica arriva a spiegare l'80% della predisposizione. Il motivo per cui non è al momento pensabile né prevedere il rischio nel singolo caso, né tanto meno pensare a una ipotetica prevenzione genica, si basa su una serie di evidenze sperimentali. Infatti sappiamo che per pressoché tutti i disturbi mentali non si tratta di una predisposizione ereditaria di tipo *mendeliano semplice* (cioè legata a un singolo gene anomalo), ma di una predisposizione poligenica, cioè dovuta alla presenza di più geni varianti. Infatti, alla genesi di un disturbo mentale contribuiscono in varia misura decine di singoli geni alterati. Ad esempio, per la depressione se ne calcolano almeno una decina; nella schizofrenia addirittura una cinquantina, ciascuno dei quali però – da solo – contribuisce in maniera molto limitata alla predisposizione»[4].

Rimane comunque il fatto che le difficoltà economiche e i disturbi di ansia e depressione possono creare un circolo vizioso. Trovarsi in situazioni di difficoltà economica può aumentare la probabilità di soffrire di questi disturbi, e soffrire di queste malattie ha ripercussioni sull'ambito del lavoro.

Ne è convinta l'intera comunità scientifica psichiatrica. «Sicuramente sì», dice Carpiniello. «La povertà può essere sia la conseguenza di un disturbo mentale che uno dei fattori causali. Il risultato è sempre lo stesso, sia nel caso che sia nato prima l'uovo che la gallina o viceversa, in quanto si crea il più delle volte una sorta di spirale viziosa, in cui l'aggravarsi del disturbo mentale peggiora la situazione socioeconomica della persona, che a sua volta mina ulte-

[4] Le leggi di Mendel rappresentano le basi sulle quali si è sviluppata la moderna genetica. La genetica è una branca della biologia che studia le caratteristiche del patrimonio genetico, ovvero i meccanismi dell'ereditarietà.

riormente la sua salute mentale, a meno che una terapia adeguata e interventi assistenziali sul piano psicosociale anche di natura economica non sopravvengano a spezzare questa spirale».

Sono numerosi gli studi che confermano un rapporto tra salute fisica e mentale e condizioni economiche. E gli studi che dimostrano che l'aspettativa di vita di una persona che vive in Europa, in America e in Giappone è doppia rispetto a quella di chi vive in Paesi in via di sviluppo, in particolare l'Africa, e di un terzo superiore a quella di chi vive in India e Sud America. La ragione principale è che le persone socialmente svantaggiate vivono in luoghi degradati, sono spesso esposte a guerre e violenza, hanno un accesso limitato all'istruzione e scarsa aderenza alle cure. Questo ovviamente vale per tutte le malattie, ma per quelle mentali c'è un'aggravante: in questi contesti c'è uno scarso riconoscimento della malattia che si riflette in uno scarso accesso alle cure. Carpiniello e la sua équipe hanno studiato queste cause. E gli studi lo hanno portato a confermare che nei Paesi ad alto reddito le persone – oggi – hanno una vita media di circa 80 anni, con un'attesa di vita leggermente superiore nelle donne.

«Questo è il frutto del benessere, che ha offerto condizioni di vita migliori e ovviamente un livello di cure sanitarie decisamente più elevato. Se il benessere nei Paesi ad alto reddito ha concesso una aspettativa di vita maggiore, è anche vero che in questi Paesi esiste un sottogruppo di persone – quelle affette da disturbi mentali – che hanno un'attesa di vita di 10-20 anni più bassa rispetto a coloro che non sono affetti da disturbi mentali. Ci sono molteplici cause legate a questa minore aspettativa di vita nelle persone colpite da queste patologie. Certamente il suicidio (legato nel 80-90% dei casi a un disturbo mentale, soprattutto la depressione) è un'importante causa di morte, ma in realtà la maggior parte dei decessi prematuri è causata da malattie fisiche croniche, in particolare cardiopatia ischemica, ictus, diabete di tipo II, malattie respiratorie e cancro, a cui vanno maggiormente soggette le persone con disturbi mentali. Questo accade sia per stili di vita peggiori, come un'inadeguata alimentazione o eccesso di fumo e alcol, che per un minor ricorso alle cure sanitarie, e talora anche per fattori diretti legati all'impatto della malattia mentale su alcuni meccanismi biologici che causano la malattia fisica. Ad esempio, è noto che le persone che soffrono di depressione maggiore sono più esposte al rischio di cardiopatia ischemica per una serie di meccanismi biologici. La più bassa aspettativa di vita impedisce nei Paesi meno ricchi l'emergere dell'impatto differenziale sulla mortalità fra le persone con disturbi mentali. In ogni caso, lo scarso riconoscimento dei disturbi mentali e il conseguente *gap di trattamento* è un problema evidente in tutto il mondo, anche nei Paesi avanzati e ricchi, sebbene sia particolarmente evidente nei Paesi a basso reddito, nei quali il ritardo o la completa assenza di cure per problemi di salute mentale è certamente un problema enorme».

Un ulteriore problema è dato dalla scarsa domanda di supporto psicologico nei contesti più poveri e dalla insufficiente alfabetizzazione in materia di salute mentale. Ci si vergogna di rivolgersi a uno specialista? O non lo si può fare? Insomma, è un problema culturale o economico?

Il vicepresidente del Consiglio delle Società Nazionali di Psichiatria non ha dubbi: «Il problema della vergogna, la paura del *marchio* di persona "malata di mente" certamente è comune e contribuisce a spiegare in parte il ritardo o la mancanza nella ricerca di cure. Ma il cosiddetto *gap di trattamento* è estremamente evidente nei Paesi a basso reddito, dove è in gran parte attribuibile alla scarsissima disponibilità di cure nel settore mentale, visto che meno del 2% del budget riservato alla sanità viene destinato in questi Paesi a tale scopo».

E poi ci sono la recessione economica e la pandemia che hanno colpito in modo sproporzionato i poveri con impatti negativi duraturi sul loro benessere economico e mentale. Un massiccio investimento sulla salute mentale era atteso da tempo anche prima della pandemia ed è diventato estremamente urgente ora. E il problema della recessione economica negli anni futuri incombe ancora e in maniera ancora più grave per i Paesi a basso reddito. Carpiniello osserva la consistente mole di dati che evidenzia la correlazione fra il peggioramento degli indicatori della salute mentale, come i tassi di suicidio, e i periodi di recessione economica. «La tutela della salute mentale e il potenziamento dei servizi a essa dedicati», accusa, «è stato uno dei primi allarmi lanciati da Tedros Adhanom Ghebreyesus, il Direttore Generale dell'Organizzazione Mondiale della Sanità, sin dall'inizio della pandemia. Fame, indigenza, sovraffollamento abitativo e debiti costituiscono significativi fattori di rischio per i disturbi mentali comuni: sono tutti indicatori o espressioni di ciò che definiamo povertà. E la povertà è certamente un fattore di rischio per la salute mentale. La minore istruzione e la scarsa occupazione poi caratterizzano prevalentemente le persone affette da disturbi mentali, soprattutto quelli gravi, e sono a loro volta correlati a un basso reddito, in una relazione che si potrebbe definire *circolare*: i disturbi mentali sono favoriti da bassi livelli di istruzione e occupazione, ma sono anche il possibile prodotto di una "deriva verso il basso" indotta da un disturbo mentale serio, che, specie se insorto in età adolescenziale o giovane adulta, impatta molto negativamente sul percorso di vita delle persone, riducendone le potenzialità».

Ad avvalorare questa tesi c'è una ricerca che ha preso in considerazione un campione di un milione di bambini in Danimarca nell'arco di 20 anni: è risultato che il 25,2% degli appartenenti a famiglie con redditi bassi ha sviluppato malattie psichiatriche entro il 37° anno di vita. È quello che il professor Bernardo Carpiniello definisce uno degli *studi longitudinali* (cioè un modello di studio molto adatto a valutare i fattori di rischio per la salute mentale) che dimostra con tutta evidenza come l'essere nati in una famiglia a basso reddito si associa a un rischio quasi doppio di ammalarsi mentalmente rispetto a persone nate e cresciute in una famiglia più abbiente[5].

[5] Uno studio longitudinale prevede l'esame ripetuto degli stessi soggetti per rilevare i cambiamenti che possono verificarsi in un periodo di tempo. Questo può essere breve come di poche settimane o di diversi decenni. La principale differenza tra lo studio longitudinale e trasversale (*Longitudinal and Cross Sectional Study*) è che gli studi longitudinali esaminano le variabili ripetutamente per un periodo di tempo mentre gli studi trasversali esaminano le variabili in un particolare momento. Sia gli studi longitudinali che gli studi trasversali sono due tipi di studi osservazionali. Questi sono utili per studiare diversi tipi di problemi e rispondere a diverse domande di ricerca.

SENZA UN ABBRACCIO E UNA CAREZZA. ECCO LA VERA POVERTÀ

«Povertà non è solo la mancanza di cibo, l'impossibilità di mangiare un pasto caldo, o coprirsi con un abito che ti ripara dal freddo. Povertà non è solo camminare scalzo su strade dissestate e spesso sul fango e sulla neve senza avere ai piedi un paio di scarpe. Povertà è soprattutto solitudine. È la mancanza di un abbraccio che non ti fa sentire solo. È la soffice carezza di chi ti fa capire che al mondo non sei solo, non sei inutile e c'è ancora qualcuno che sa cosa vuol dire amare, qualcuno che ti fa sentire importante».

Suor Maria Cristina è la responsabile e l'animatrice di un centro di accoglienza diurno per bambini soli. «Sì, soli», dice, «anche se hanno i genitori, perché spesso sono loro, i genitori, che li lasciano soli. Nel migliore dei casi è perché lavorano tutto il giorno e tornano a casa solo la sera. Ma molti sono bambini che hanno genitori in carcere o agli arresti domiciliari; o mamme prostitute, o disoccupate e, quindi, tutto il giorno in cerca di un lavoro: così rimangono in famiglia il meno tempo possibile».

Suor Maria Cristina dirige un centro con 40 assistiti tra i 5 e 15 anni. Ma non ha lo spazio per offrire loro anche un letto per dormire. Il caseggiato dove sono ospitati gli spazi li avrebbe eccome, ma è un edificio fatiscente, che avrebbe bisogno di restauri per essere trasformato in "pensione completa". Purtroppo non hanno donatori sufficienti ad affrontare le spese. Né gli enti pubblici riescono a intervenire, per "...mancanza di fondi". E non siamo in Africa o in una pase del Medio Oriente, siamo al centro di una città europea.

«Ecco», dice con amarezza, «siamo gli ultimi anche qui, anche quando si assegnano i fondi. Eppure ce la mettiamo tutta. Con 40 volontari, tutti laici, affrontiamo le sofferenze e le povertà di tutti i giorni. «La povertà più profonda? È l'incapacità di rapportarsi con gli altri. È il gioco solitario. Spesso questi bambini, anche quelli della così detta buona famiglia, sono bambini soli. Lo vediamo dal modo di comportarsi. Sono bambini i cui genitori li salutano al mattino e li rivedono la sera e, spesso, l'unico incontro fra loro si limita a un'ora di televisione tutti insieme e poi a dormire. E così il giorno dopo e il giorno dopo ancora. Queste creature – soprattutto le più piccole – ne soffrono tanto. Li vediamo sistemarsi in un cantuccio e giocare da soli, quasi sempre con i giochi elettronici: chi può ha l'Ipad, altri un più modesto apparecchio elettronico. Io li guardo e vedo nei loro occhi una profonda sofferenza: sono bambini abbandonati, *affettivamente* abbandonati. Hanno un vocabolario povero e spesso ineducato. Non riescono a esprimersi come potrebbero e – credo – come vorrebbero».

Negli ultimi anni anche nelle città medio-piccole, questa solitudine infantile ha portato alla crescita di numerose patologie, soprattutto psicologiche. La pandemia da Covid-19 ha poi fatto il resto.

«Con la pandemia», prosegue suor Maria Cristina, «la situazione è notevolmente peggiorata. E intravediamo in alcuni bambini atteggiamenti solitari, di autolesionismo e di autoesclusione che – avvertono i nostri assistenti psicologi – rischiano di arrivare al termine estremo del pensiero del suicidio. "Cosa ci faccio qui?", "non ho voglia di giocare", "non ho voglia di mangiare", "voglio tornare a casa", "ho voglia di dormire": sono segnali che ci scuotono e ci fanno tremare le vene».

Né sono meno preoccupanti i casi degli adolescenti, quindi nella fascia d'età che va oltre i 15 anni. L'adolescenza infatti ha fatto da cassa di risonanza ai malesseri legati alla diffusione del Covid-19. I medici spiegano che i pensieri e i desideri di morte caratterizzano quest'età a causa del dolore psicologico che i giovani spesso sperimentano in maniera esasperante.

Ma alla base c'è anche il senso di solitudine che i giovani delle ultime generazioni provano sulla propria pelle per motivazioni riconducibili soprattutto a una brusca trasformazione del tessuto sociale, delle relazioni e all'avanzare esasperato della tecnologia nei diversi ambiti dell'esistenza umana.

Spesso la conseguenza è questa dilagante sensazione di noia che colpisce i giovani. Un sentimento paradossale in un mondo che viaggia a una velocità sempre più spinta ed è sovraesposto a migliaia di stimoli differenti. Ma, alla base delle sindromi depressive, dei disturbi di personalità, delle psicosi e delle psicopatie, rimangono sempre solitudine e noia. Gli stati ansiosi dei ragazzi sono spesso campanelli d'allarme non sufficientemente considerati e rappresentano di frequente l'anticamera delle pratiche di autolesionismo più diffuse.

In Europa, nella fascia di età tra i 10 e i 19 anni, sono censiti circa nove milioni di giovani che manifestano disagio mentale. Il suicidio resta la seconda causa di morte fra i giovanissimi con una media di tre decessi al giorno.

Anche in Italia i dati sono preoccupanti, soprattutto dopo il lockdown e le misure sanitarie legate alla pandemia. Il disagio psichico interessa circa un milione di giovani. Ai dati diffusi dall'UNICEF si aggiunge l'allarme degli specialisti dell'Ospedale Pediatrico Bambino Gesù di Roma, dove, tra il 2020 e il 2021, si è verificata un'impennata del numero delle ospedalizzazioni riguardanti fenomeni di ideazione suicidaria e autolesionismo nella fascia dell'infanzia e dell'adolescenza.

Singolare è una ricerca compiuta da ActionAid[1], organizzazione internazionale indipendente che lavora in Italia dal 1989, con programmi di sostegno a distanza e progetti a supporto dei bambini, delle donne e delle famiglie delle comunità in cui opera. ActionAid pone a confronto la vita di un bambino occidentale e quella di un bambino africano, e si chiede: "Com'è la giornata di un bambino occidentale?", cercando di immaginarla: "Sveglia con colazione, scuola, ritorno a casa, pranzo, compiti da svolgere, qualche ora in compagnia degli amici, cena con tutta la famiglia. È la normalità".

Poi, la ricerca si rivolge alla giornata-tipo di un bambino africano. Com'è?

«Be', certo, è molto diversa. La sua giornata comincia presto, quando il sole è appena sorto. Niente colazione, e niente pranzo: il bambino africano mangia una sola volta al

[1] ActionAid è un'organizzazione internazionale indipendente impegnata nella lotta alle cause della povertà. Basa il suo lavoro sul rispetto dei diritti umani e agisce insieme con le popolazioni e le comunità più emarginate attraverso programmi di sviluppo a lungo termine in Asia, Africa e America Latina. È presente in oltre 45 Paesi e, insieme alle comunità più povere, agisce contro la povertà e l'ingiustizia.

giorno, la sera. Chi ha perso i genitori, o chi non vive con i genitori perché emigrati o perché resi schiavi dai nuovi mercanti di anime, abita con i nonni anziani che li accudiscono insieme ai fratelli e alle sorelle. Ma spesso non riescono a sfamare tutti.

«Per arrivare a scuola il bambino africano percorre in media quaranta minuti di cammino. E questi sono i più fortunati perché hanno la possibilità di studiare. Certo, la loro scuola non è come quelle occidentali. Ma il bambino africano ce la mette tutta ugualmente.

«Poi, nel pomeriggio, torna a casa. Dovrebbe fare i compiti. Ma non può, perché bisogna andare a portare la legna da ardere o procurare l'acqua potabile. Dà una mano ai nonni che lo accudiscono. Va in giro per le stradine polverose del villaggio a fare piccoli lavoretti in cambio di un po' di cibo. E quando torna a casa la sera, ci sono i nonni, i fratelli e una cena povera ad aspettarlo, prima di crollare stremato in un piccolo giaciglio spesso di paglia»[2].

Povertà, mancanza di acqua e di cibo, malattie come l'AIDS e la tubercolosi, analfabetismo, guerre e conflitti politici. I progetti di ActionAid per l'Africa hanno un obiettivo preciso: quello di contribuire a sconfiggere le rovine di secoli di guerre civili, di fame e di ingiustizie. I volontari collaborano a livello locale, nazionale e internazionale per realizzare il cambiamento e per far crescere l'equità, sostenendo chi vive in situazioni di povertà e marginalità.

«La disuguaglianza non è solo una causa di povertà ma spesso anche una sua conseguenza. Ogni giorno lavoriamo per ottenere un mondo senza ingiustizia nel quale ogni per-

[2] ActionAid, *La giornata di un bambino africano*, 2 novembre 2015.

sona e comunità possa godere pienamente dei propri diritti, libera dai limiti che derivano da povertà, disuguaglianza e ingiustizia. Per questo sostenere un bambino a distanza in Africa è un aiuto concreto alle famiglie e alle comunità, offrendo cure mediche, educazione e cibo».

A beneficiare di questi aiuti non sono solo i bambini, ma anche le loro famiglie e le comunità in cui essi vivono: in Africa accanto alle comunità più povere; in Asia con le donne vittime della tratta di esseri umani, gli orfani e i bambini di strada; in America Latina accanto ai piccoli agricoltori per ottenere riforme sul diritto alla terra[3].

E poi ci sono gli *Street Children*[4] del Kenya, i ragazzi di strada che vivono tra povertà estrema e desiderio di rinascita. A Nairobi sono 150mila, 300mila in tutto il Paese. Si muovono a gruppetti compatti nelle zone centrali di Kibera, una delle baraccopoli che a Nairobi si chiamano *slum*[5]. Stando ai dati del "Kenya Population and Housing Census" (il Censimento della popolazione e delle abitazioni kenyote), Kibera è composta da dodici villaggi, con una popolazione totale di circa 2 milioni e mezzo di persone.

I bambini di strada raccolgono qualche elemosina, qualche spicciolo e poi si nascondono in un angolo della baraccopoli a stordirsi di colla o carburante per aerei. Sono

[3] Cfr. ActionAid, adozione a distanza.

[4] I bambini di strada (*Street Children*) sono minori che vivono o sopravvivono per strada. Spesso crescono nelle discariche pubbliche, nelle stazioni ferroviarie, sotto i ponti delle principali città del mondo. A causa dei conflitti con la famiglia, questi bambini non vogliono o non possono tornare a casa. Si stima che nel mondo vivano per strada circa 120 milioni di bambini (30 milioni in Africa, 30 milioni in Asia e 60 milioni in Sud America), spesso vittime di ogni tipo di abuso (Stima di Humanium, una ONG internazionale fondata a Ginevra nel 2008, di sostegno all'infanzia e dedicata a fermare le violazioni dei diritti dei bambini in tutto il mondo).

[5] Baraccopoli e *bidonville*, di solito urbane, poverissime, ad alta densità, caratterizzato da costruzioni malsane e cadenti, baracche provvisorie, e da mancanza di servizi sociali dove si vivono condizioni di vita al di sotto degli standard di benessere.

vestiti di niente. Con le poche monete che avanzano pagano un biglietto ed entrano in baracche improvvisate adattate a cinema per vedere film d'azione o pornografici: lo fanno soprattutto per assicurarsi un paio d'ore al coperto. Sono bambini provati dalla povertà totale, dalla violenza domestica o semplicemente dalla fame. Abitano la strada e lì crescono fino all'età adulta.

«Quando a casa non c'è da mangiare per tutti – racconta Amir – e rimani orfano da piccolo, nessuno si cura di te. Così a soli 5 anni, sono finito per strada. La notte la polizia veniva a picchiarci e di giorno cercavamo disperatamente qualche spicciolo per procurarci del cibo».

Kebira, la sua baraccopoli, così come tanti altri *slum*, non ha un sistema fognario. La popolazione vive su cumuli di immondizia che non vengono mai rimossi. Quando piove, le strade si trasformano in pantani, mentre le esalazioni si mischiano a odori di cibo fritto o bollito, merce venduta nei mini-shop ai lati delle viuzze che si intersecano formando un dedalo inestricabile. Poco più in là, a Dandora, c'è la discarica più grande dell'Africa orientale. Riceve 900 tonnellate di rifiuti solidi al giorno. Ci "lavorano" oltre 4mila persone: separano l'immondizia, la raccolgono per genere, e la consegnano al guardiano ricavandone 15 scellini (0,15 dollari) al chilo. Nel frattempo inalano i fumi ed entrano in contatto con materiali metallici pericolosi.

A curarsi di questa gioventù emarginata ci sono i missionari e i loro volontari. «Gli *Street Children* hanno un loro codice», dice padre Kizito in un'intervista a Luca Attanasio, «sono molto uniti tra loro e, specie se vivono per strada da anni, formano una sorta di propria identità. Abbiamo attivato due centri di prima accoglienza, tre centri residenziali, un dispensario medico e un servizio di fisioterapia che, al momento, si occupano di oltre duecento bambini di strada, e gestiscono alcune scuole. Per raggiungere e mettere al sicuro questi ragazzi, adottiamo un approccio diretto: gli operatori – molti dei quali sono ex *Street Children* – vanno a instaurare un rapporto con i bambini lì dove vivono; a volte dormono con loro e, attraverso un percorso fatto di quotidianità e vicinanza, convincono, senza mai forzarli, i piccoli a entrare nel progetto. Poi lavorano per ricostruire il contatto con le famiglie e le comunità locali, e predispongono il rientro a scuola»[6].

Ma il problema dei bambini africani che finiscono a vivere per strada in condizioni di miseria, di degrado e di abbandono non è una piaga soltanto del Kenya, e sta assumendo dimensioni drammatiche in tutto il pianeta: Aids e povertà sono le principali cause di questa tragica situazione.

In Zimbabwe più di 1 milione e 600mila bambini sono orfani e il numero è in costante aumento. I genitori muoiono a causa dell'Aids e loro rimangono soli senza altra possibilità che vivere in strada. Le strade di Harare, capitale dello Zimbabwe, sono popolate da migliaia di bambini. E la strada diventa un luogo di sfruttamento e di violenza, dove i bambini sono costantemente esposti ai rischi della droga e della delinquenza. A tendere loro una mano c'è la Casa del Sorriso, dove i ragazzi abbandonati e gli orfani possono trovare una carezza. Un centro di accoglienza che offre loro una possibilità concreta di salvezza e di riscatto: un luogo dove trovare cibo, cure mediche, servizi igienici e

[6] Luca Attanasio, *Gli "Street Children" del Kenya, tra povertà estrema e desiderio di rinascita*, "La Stampa-Vatican Insider", 25 giugno 2018.

istruzione. È qui che molti orfani si sono salvati, strappati alla strada che era diventata la loro casa: chi a 5 anni, chi a 10, chi poco più grande. Con un passato fatto di furti, rapine, alcool e violenza. E senza dormire di notte per paura di essere uccisi dalle bande rivali.

Padre Gianfranco Zintu è missionario della Consolata, l'istituto religioso di diritto pontificio fondato a Torino nel 1901 dal sacerdote italiano Giuseppe Allamano, per occuparsi dell'evangelizzazione dei popoli. È presente in Africa, America, Asia e Europa. Zintu ha vissuto la maggior parte della sua vita in Colombia, a Cartagena de Indias. Cartagena è una città portuale sulla costa caraibica. Vicino al mare, la città vecchia, fondata nel XVI secolo e circondata da mura, è caratterizzata da piazze, stradine acciottolate e colorati edifici coloniali. È una delle città più antiche del Sud America e grazie alla sua posizione strategica ha vissuto una lunga e fruttuosa era di prosperità. A un'ora d'auto da Cartagena, circa 50 chilometri più a sud-est addentrandosi nel cuore della Colombia, si trova San Basilio de Palenque, la prima comunità di schiavi a ottenere l'indipendenza dalla corona spagnola, ancor prima della stessa Colombia. È un'enclave d'Africa in terra di Colombia, un luogo per certi aspetti magico, patrimonio dell'UNESCO, in cui si parla una lingua unica che mescola lingue romanze, come il portoghese e il castigliano, a lingue bantù come il kikongo e il kimbundu. Per le strade si vedono ancora le *palenqueras*, donne nere dagli abiti sgargianti che vendono frutta ai turisti e si lasciano fotografare davanti alle loro macedonie tropicali. La pesca e la frutta erano infatti le risorse principali che facevano vivere in tranquillità il territorio.

«Qui», dice Zintu, «i valori della vita assumono significati diversi. La popolazione afro non conserva, non mette da parte, non accumula ma vive il presente. Se uno possiede qualcosa la vive nel momento, non pensa al futuro. È contento così. Quando sono andato a pescare con i cartageneri, il loro pescato era mirato al fabbisogno della propria famiglia. Se erano necessari tre pesci non ne pescavano quattro, a meno che il pesce in più non servisse per fare un regalo o per barattarlo. Una volta un amico aveva pescato due alligatori: al mercato li avrebbe venduti a 150mila pesos. Uno stipendio medio mensile in Colombia era allora di 450mila pesos. E mi disse: "Ecco, ora pescherò soltanto quando i soldi che servono a far vivere la mia famiglia staranno per terminare". Non c'è il culto di accumulare. E ho anche pensato che questo fosse un modo per rispettare l'ambiente. I cartageneri non pensavano alla ricchezza economica, ma in alcune zone c'era anche la povertà. Ed è qui che si vedeva la solidarietà della gente: perché se una persona si ammalava, tutti contribuivano ad alleviare le sofferenze del malato e della sua famiglia. Mi sembrava che la gente non fosse abituata a lamentarsi. Certo non come noi occidentali a cui manca la sobrietà e con essa la serenità».

Ma ben presto in padre Gianfranco si fa strada una convinzione: è l'ingiustizia che porta alla povertà. «Ci siamo trovati a combattere contro un sopruso e una prepotenza inaudita», dice. «Per 70 chilometri intorno a Cartagena, i terreni erano fertilissimi. Qui, all'epoca del colonialismo, gli schiavi producevano tutto il prodotto alimentare che veniva venduto nei mercati delle grandi città. Questa tradizione e questo commercio erano proseguiti anche dopo la liberazione dalla schiavitù. Ricordo che si coltivavano oltre 70 tipi di mango diversi nei sapori, nei colori. Si producevano oltre 4 tonnellate di frutta al giorno. Insomma la popolazione stava bene. Poi, all'improvviso, è arrivato un progetto diabolico: i ricchi colombiani appoggiati da alcuni politici e amministratori corrotti, hanno acquistato – quasi sempre con l'inganno – l'80% dei terreni, e hanno votato una legge che trasformava la coltivazione della frutta in una coltivazione intensiva di palma africana. Il popolo, e noi missionari con loro, ci siamo ribellati e abbiamo cominciato a protestare, a manifestare. Ebbene, cosa ha fatto il potere? Ha deciso l'aumento dei prezzi legati alla frutta e al mais. Mettendo in grandi difficoltà la popolazione e i coltivatori che alla fine sono stati costretti a rinunciare a vendere i prodotti. I nuovi contratti erano una vera truffa: prevedevano che i coltivatori di frutta avrebbero dovuto coltivare le palme africane per 25 anni e se ogni anno non fossero riusciti a tenere alta la produzione, i terreni dati loro in concessione sarebbero passati automaticamente ai nuovi proprietari-politici. Politici che nel frattempo impedivano a noi missionari di cedere agli indigeni i nostri pochi terreni, dicendo che non erano più nostri ma loro. Così molti hanno perso le loro proprietà aprendo ben presto le porte alla fame e alla povertà».

I missionari si sono ribellati e all'urlo di "Quando finiremo di vendere le terre torneremo alla schiavitù", hanno portato la popolazione a manifestare in piazza. «I ricchi e i politici, insomma, i potenti», prosegue padre Gianfranco, «hanno inviato l'esercito con i carri armati. Allora, consigliati dai nostri avvocati, abbiamo messo davanti al corteo i bambini, perché – sostenevano i legali – i diritti della vita dei bambini sono superiori ai diritti della proprietà. Così siamo riusciti a bloccare le armi e a evitare una strage. Ecco perché sono convinto che la povertà è frutto dell'ingiustizia del potere, del desiderio dell'accumulo sfrenato. E l'accumulo altro non è che lasciare al margine gli ultimi».

Dei lunghi anni di missione tra Africa, Sud e Centroamerica, padre Gianfranco conserva un ricordo indelebile: quello con suor Natalina, una missionaria dell'Istituto delle Discepole del Crocifisso. Lei gli ha fatto conoscere un dramma che raramente arriva sulle pagine dei giornali. È quello delle *streghe bambine*, accusate dai parenti di essere la causa di disgrazie e avversità a cui la famiglia deve far fronte. Queste ragazze tra i 5 e i 15 anni, finiscono emarginate o per strada. Suor Natalina a Bukavu, una cittadina della Repubblica democratica del Congo di circa 806.940 abitanti situata sulla riva ovest del lago Kivu, ha fondato la *Casa dei bambini* che accoglie queste ragazzine e si prende cura di loro. Il centro si chiama *Ek'Abana* (appunto, casa dei bambini, o più specificamente nella loro lingua, "bambini a casa"), che le accoglie e assicura loro un riparo dove trovare affetto, cure e possibilità di riscatto.

«Fin dagli inizi degli anni '90», dice padre Gianfranco, «nessuno o pochi conoscevano il fenomeno delle bambine accusate di stregoneria. Ma la guerra con il Rwanda aveva provocato un numero incredibile di rifugiati e la povertà era cresciuta in modo drammatico, tanto da aver riversato in strada moltitudini di bambini e da richiamare l'attenzione di associazioni e istituzioni sociali. Il fenomeno riguardava soprattutto i bambini. A scoprire la presenza di bambine, tutte intorno ai dieci anni, fu un gruppo di ragazze che segnalò il caso a suor Natalina. Le stesse *bambine di strada* si autodefinivano *streghe* ed erano ridotte in estrema povertà e abbandono. A loro si dedicò suor Natalina che stava già allestendo una casa per l'assistenza ai disabili».

Una caratteristica di questo centro è che le ospiti non sono sempre le stesse: tra gli obiettivi, infatti, c'è il reinserimento delle bambine nelle rispettive famiglie, promuovendo una mediazione che passa necessariamente dalla riconciliazione. «In media», dice padre Zintu, «il periodo di permanenza di una bambina nel centro è di un anno, a volte si arriva anche a due. A far scattare in un genitore l'idea che la propria figlia possa essere una strega ci sono sempre la grande povertà e la mancanza di istruzione dei genitori».

La gestione di queste problematiche non è per niente facile e le reazioni insofferenti delle bambine spingono la famiglia a indicarle come streghe e ad allontanarle da casa. A queste si aggiungono quelle famiglie che allontanano i bambini nati con qualche deformazione fisica: secondo la loro credenza, sarebbero segno di malaugurio e di calamità per le famiglie stesse. «Così», dice Zintu, «queste creature, intorno ai 5 anni, vengono portate in mezzo al deserto o in zone sperdute e abbandonate alla loro sorte. Un dramma nel dramma».

Fra le tante storie che impoveriscono il pianeta, dall'altra parte del mondo, ci sono anche quelle di chi è sopravvissuto alla traversata del mar Mediterraneo, fatta su un gommone stipato all'inverosimile di decine di disperati alla ricerca di un approdo sicuro. Come Abid che però, ora, è al riparo in un centro d'accoglienza dove è arrivato senza vestiti e affamato, ma pieno di speranze. Oggi ha i suoi documenti d'identità necessari per accedere a tutti i sevizi e sussidi che una persona della sua età ha diritto di avere. Una situazione ingarbugliata, quella di Abid, che lo ha costretto all'emarginazione sociale. Improvvisamente, dalla mattina alla sera, la porta di casa di Abid gli è stata chiusa lasciandolo per strada. La solitudine è stata la condizione che lo ha angosciato innescando i sentimenti più negativi che lo hanno portato alle pericolose conseguenze di una depressione distruttiva. La sua salvezza è stata un centro di ascolto della Caritas italiana, dove hanno preso sul serio le sue difficoltà «ascoltandomi con interesse» (come dice Abid). Così ha iniziato un percorso che lo ha portato alla riconquista della fiducia in sé stesso e quindi alla conclusione del difficile momento con l'inizio del «più bel periodo» della sua vita sociale. Perché la frequentazione di alcune attività come l'ostello, la mensa e il centro diurno, nei quali ha trascorso le sue giornate, gli ha consentito di conoscere storie difficili, e grazie a queste esperienze sono caduti molti suoi preconcetti verso gli immigrati, i carcerati, i tossicodipendenti, consentendogli di costruire relazioni vere e solide. Da queste frequentazioni è scaturito il desiderio di dedicarsi completamente agli altri, «fratelli sofferenti come me», offrendo quella stessa attenzione che ha sperimentato nella sua vita, «stravolgendomela». Aiutare i poveri è impegnativo e va fatto con discrezione e tatto, rispettando le difficoltà di chi vive nel disagio, prendendosi cura della persona le cui condizioni di vita difficili rendono particolarmente vulnerabile.

Samuel invece ha compiuto trent'anni. In Italia è arrivato nel 2018 dopo essere fuggito da una condizione drammatica vissuta nella sua Nigeria e avere affrontato un viaggio che ancora oggi evita di ricordare. La sua è una storia difficile che ha lasciato profonde ferite che solo dopo molti mesi si sono rimarginate. Oggi Samuel è uno studente universitario, iscritto al corso di Gestione energetica, ingegneria e sicurezza del Dipartimento di Chimica e Farmacia dell'Università di Sassari, ed è oramai giunto alla laurea. «Ho deciso di impegnarmi nello studio quando ho iniziato a vivere, perché ho capito che dovevo fare qualcosa per il mio futuro. Ho attraversato il buio di un'esistenza che ha cercato riscatto attraversando luoghi di morte come il deserto e il mare, ma che solo la voglia di vivere ha reso sostenibili nonostante le enormi difficoltà fisiche e psicologiche».

CON IL CUORE IN MANO

«Sembra quasi scontato dire che quando fai volontariato – qualunque esso sia – è tanto più quello che ricevi di quello che poi materialmente riesci a donare. Ma ti assicuro che la realtà è proprio questa».

Angela Canonici Alamanni fa parte di un'équipe del progetto Safe Heart Onlus[1], la cui missione ha per titolo: "Un cuore per il Burkina". Nasce dalla volontà di alcuni cardiochirurghi e si fonda sul principio che riconosce la salute come diritto fondamentale dell'uomo. Lo spirito è quello di solidarietà internazionale verso le popolazioni ferite dalla guerra e dalla povertà.

La forza di Safe Heart non è quella di operare in loco ma è quella di sviluppare il sistema sanitario locale dei Paesi ospiti. *Formare il personale in loco* significa offrire una continuità una volta finita la missione. Safe Heart Onlus lavora in stretta collaborazione con MIGOTIGO, un'as-

[1] Safe Heart Onlus è un'associazione senza scopo di lucro. Nasce nel 2013 e si fonda sul principio che riconosce la salute come diritto fondamentale dell'uomo. Si compone di un team di cardiochirurghi che organizza e partecipa a missioni umanitarie, animati da uno spirito di solidarietà internazionale verso le popolazioni ferite da guerra e povertà. Realizza interventi nell'ambito delle patologie cardiovascolari e forma personale "sul posto" per sviluppare il sistema sanitario locale dei Paesi che li ospitano.

sociazione con sede nel Principato di Monaco che finanzia missioni umanitarie.

Il Burkina Faso è uno dei Paesi più poveri del pianeta. Sì, il settore agricolo – agricoltura e allevamento – costituisce ancora oggi la principale attività economica del Burkina e occupa l'85% della popolazione attiva. Ma il "Paese degli uomini onesti" (questa è la traduzione di Burkina Faso), un tempo conosciuto col nome di Alto Volta, situato tra la regione guineana e il bacino del Niger nell'area centrale della fascia sudanese, ha un tasso di natività elevato, pari – negli ultimi decenni – al 46%. La popolazione di oltre 20 milioni di abitanti, per la massima parte rurale, vive accentrata per esigenze di approvvigionamento idrico e alimentare. Ciò determina una distribuzione particolarmente varia e irregolare degli abitanti. La maggiore densità si registra nella fascia centrale occupata dalla savana tra il gomito dell'Alto Volta e la regione di Ougadougou, la capitale. È abitata soprattutto dai Mossi, il gruppo etnico più importante e più diffuso del Paese. Il problema dell'istruzione rimane molto grave principalmente per la cronica carenza di strutture. Il tasso di analfabetismo è tra i più alti al mondo (78%) nonostante l'istruzione sia obbligatoria e gratuita sino ai 14 anni. Il sistema finanziario è estremamente modesto. L'ordinamento dello Stato, basato su una Repubblica presidenziale, è soggetto a colpi di stato e a sovvertimenti di potere. L'aspettativa di vita è di 47 anni per i maschi, 49 per le femmine. Quello della salute è – insieme all'ecosistema – uno dei principali problemi del Paese ed è quello che porta a una mortalità così alta. C'è un medico ogni 22mila abitanti, un posto-letto negli ospedali ogni 2mila abitanti. La cardiochirurgia è sconosciuta in un Paese dove la malattia reumatica, che provoca infiammazione alle articolazioni e degenerazione delle valvole cardiache, è endemica[2].

Secondo Medici senza Frontiere, dal 2019 il Burkina Faso ha registrato un'impennata di violenza che ha portato a un esodo di massa e ha limitato gravemente l'accesso ai servizi sanitari. La violenza, che ha coinvolto gruppi armati sia intercomunitari sia religiosi, è aumentata rapidamente. Le équipes di Medici senza Frontiere, che si trovavano già nella regione del Sahel per sostenere i pronto soccorso e le sale operatorie nelle strutture mediche di quei Paesi, hanno risposto rapidamente fornendo assistenza sanitaria di base alle comunità ospitanti e agli sfollati. Ma nonostante questo, secondo le autorità locali, quasi 100 centri sanitari hanno dovuto cessare del tutto le attività e molti altri hanno potuto funzionare solo a capacità ridotta. La crescente insicurezza ha reso difficile alle comunità remote accedere ai restanti servizi sanitari delle città, e per le organizzazioni umanitarie non è stato facile raggiungere chi ne aveva bisogno[3].

«In questo contesto si inserisce il progetto di Safe Heart Onlus, la nostra emergenza sanitaria, il nostro volontariato», riprende Angela Canonici Alamanni. «Dopo non poche difficoltà, finalmente agli inizi del 2021 siamo riusciti a partire per il Burkina per la nostra prima missione. Il nostro volo destinazione Ouagadougou è decollato dall'aeroporto di Malpensa. Eravamo in 5: tre cardiochirurghi, Marco Zanobini, Maurizio Roberto e Alberto Pilozzi Casado; Paola

[2] *Atlante Geografico Economico*, Istituto Geografico De Agostini, Milano.
[3] Cfr. Medici senza frontiere, *Attività in Burkina Faso*, 2019.

Oddono, la perfusionista addetta alla macchina cuore polmone; io come strumentista. Non ci sembrava vero, anche perché durante i lunghi mesi di preparazione che hanno preceduto la missione, abbiamo dovuto superare tante difficoltà, sia legate all'emergenza sanitaria (in Italia e in Burkina, non dimentichiamo che eravamo in periodo Covid), sia legate a problemi di ordine organizzativo, burocratico ed economico. Eravamo riusciti anche a inviare in loco un container pieno di materiale per garantire la buona riuscita della missione come l'ecografo, la CEC (Circolazione Extra Cardiaca), circuiti, valvole cardiache, fili di sutura, ferri chirurgici, farmaci per l'anestesia, ma tutto questo non era bastato. Numerosi sono stati i sopralluoghi da parte dei nostri cardiochirurghi. La necessità era quella di toccare con mano una realtà tanto diversa dalla nostra e soprattutto stilare una lista delle cose che lì non avremmo trovate e soprattutto una lista delle possibili criticità. Ecco, la prima difficoltà è stata quella di uscire dalla nostra *comfort zone* per abbracciare e soprattutto cercare di acquisire una mentalità e una modalità di lavoro tanto diversa dalla nostra.

«Il nostro primo lavoro è stato quindi lo studio, l'elaborazione di strategie fattibili e la condivisione con i medici e gli infermieri locali, che si sono dimostrate persone straordinarie. Purtroppo ci siamo dovuti accorgere che tra di noi esisteva un *gap* che andava presto superato. Ed era quello delle diverse culture: una diversità nei ritmi e nell'operosità che il personale locale ha nello svolgere alcune attività. Questo *gap*, purtroppo, ha aumentato drammaticamente il tempo di risposta e di risoluzione dei problemi che di volta in volta si presentavano.

«Gli interventi di cardiochirurgia sono altamente complessi, necessitano di un'équipe interdisciplinare composta da diverse figure professionali che interagiscono e si alternano fra loro: ecografisti per una buona diagnosi, anestesisti per l'anestesia e per la rianimazione; chirurghi, cardiologi, infermieri di sala, infermieri strumentisti, infermieri di terapia intensiva, fisioterapisti e perfusionisti per la macchina cuore polmone. Anche per questo motivo le missioni sono molto costose e purtroppo se ne possono fare poche all'anno. Quando pensavamo che tutto il resto dell'organizzazione fosse risolto ci siamo scontrati ancora una volta con problemi ben più pratici: quei problemi che per noi, nati nella parte giusta del mondo, non vengono percepiti come tali.

«Per esempio l'aria condizionata fuori uso da tempo e mai riparata. L'igiene incompatibile con il nostro concetto di igiene e che – durante un intervento di cardiochirurgia – è fondamentale quanto la manualità di un bravo chirurgo, o la degenza post-operatoria. Così è capitato che, durante un intervento al cuore su un bambino, si è interrotta per ben quattro volte l'erogazione dell'energia elettrica, lasciando noi al buio e facendo spegnere tutti i macchinari. In una situazione "normale" sarebbe intervenuto automaticamente il gruppo elettrogeno, dando la possibilità agli operatori di continuare a lavorare senza neanche percepire il problema. Ma non è andata così. L'intervento fortunatamente è poi andato a buon fine».

Ma l'équipe cardiochirurgica non si era ancora scontrata con il vero problema: quello etico e morale. Angela Canonici Alamanni lo definisce «uno di quei problemi che ti toglie il sonno! E cioè la scelta dei pazienti da operare. Considerando che l'aspettativa di vita in Burkina Faso è di poco inferiore ai 50 anni e l'età media degli abitanti è di 17, il cerchio dei candidati agli interventi si restringeva intorno a una fascia di età più bassa, ma a quale costo? Ci siamo posti il problema se un uomo di 50 anni, magari un padre di famiglia, magari l'unico sostentamento per la famiglia, non potesse ambire a essere operato e non potesse sognare una prospettiva di vita normale! Perché con l'intervento chirurgico si può riprendere a vivere una vita normale, senza dubbio migliore di quella precedente all'insorgere della malattia. Ma purtroppo è così! È il duro calcolo dei rischi/benefici (!) dove ovviamente i rischi sono rappresentati dal solo fattore economico! Così come nei trapianti si protegge chi presenta una maggiore aspettativa di vita, anche per le valvole cardiache (che hanno un costo alto) o altri interventi simili, agiscono le stesse scelte. Così la nostra attenzione si è dovuta posare sui bambini e sugli adolescenti dai 5 ai 15 anni, affetti tutti da cardiopatie congenite. Figli di genitori poveri arrivati da chissà quale villaggio lontano, che hanno colonizzato per giorni il giardino dell'ospedale con tende variopinte e borsoni stracolmi di cose, unico modo che avevano per star vicino ai loro bambini. Ecco, la scelta di trattare le patologie congenite deriva dal fatto che, una volta operate, ci si può aspettare la quasi totale guarigione. Dunque la prospettiva di una vita normale. E questa è quasi un'economia di scelta che sa di guerra. Perché solo in guerra o nei Paesi meno fortunati, quelli che vivono un'estrema povertà, sei costretto a fare queste scelte, che la notte non ti fanno dormire.

«Quindi, dietro una missione umanitaria ci sono tanti aspetti da considerare: l'organizzazione, la differenza culturale e religiosa, il budget a disposizione, la raccolta costante di fondi, le distanze chilometriche tra il luogo di partenza e quello di arrivo. Detta così sembra tutta una gran fatica e si può addirittura pensare che chi prende parte a una missione umanitaria sembra essere qualcosa di molto simile a un super eroe. Ma questa considerazione è quanto più lontano dalla realtà. Quando fai del volontariato è più quello che ricevi di quello che riesci a donare. Essere stata lì, in quel momento, è come aver costruito un pezzo della loro storia. La storia della cardiochirurgia del Burkina. Non posso dimenticare la voglia dei cardiochirurghi di operare per imparare. L'ultimo giorno della nostra missione, quando ormai avevamo pronti i bagagli per partire, loro, i neo cardiochirurghi locali, volevano continuare a esercitare non-stop! La gratitudine e l'amicizia che ci lega è qualcosa che va ben oltre la fatica e la paura di avere lavorato in condizioni critiche in uno dei Paesi più poveri del mondo. La paura di attentati ma anche la paura della povertà che non perde mai l'occasione di sbatterti in faccia la realtà. Bambini che vendono frutta ai semafori per pochi soldi, animali come mucche e pecore che vagano al bordo della strada talmente magri da non riuscire a distinguerli.

«Dal Burkina ho portato via un bellissimo presepe di legno nero che mi ricorda la loro pelle; ho portato via tanti sorrisi, tanti denti bianchi, tanti grandi occhi qualche volta inumiditi da lacrime di gioia e qualche volta da lacrime di dolore. Sicuramente tanta umanità e umiltà, quella umanità che ci dovrebbe far tornare a considerare tutti come fratelli. Cose semplici come la sala del consiglio dell'ospedale che in un attimo si trasformava in mensa. Cibo per noi tanto nuovo e diverso, ma offerto con tanto amore da sembrare squisito».

Questo è il Burkina che l'équipe cardiochirurgica italiana si porta nel cuore. Un Burkina fatto di amici lasciati con la speranza di poterli riabbracciare presto. Ma il sogno di una nuova missione è poi sfumato in parte per l'ennesima emergenza Covid-19, in parte per il colpo di Stato che ha riportato tutto nel caos. Con la preoccupazione per chi è rimasto di vivere una situazione estremamente difficile e per i molti pazienti delusi per aver perso il treno della loro vita, quella sala chirurgica, quell'intervento che avrebbe permesso loro di vivere una vita migliore.

«Siamo stati trattati come degli eroi», mi dice con gli occhi umidi Angela, «ma la verità è che i veri eroi silenziosi sono stati loro: i medici che non smettono mai di sognare una cardiochirurgia da portare alla loro gente; eroi sono i pazienti che attendono il loro turno con così tanta umiltà, discrezione e fiducia».

LA MIA AFRICA

L'esperienza, mai narrata, di Renzo Arbore

«Ebbene sì, la gente stenta a crederci per via di quel sorriso che mi accompagna da una vita e quella voglia di far sorridere e far cantare il mio prossimo. Ma posso dire di avere conosciuto la povertà, la povertà vera. Quella povertà che ti riempie gli occhi di lacrime e che non ti lascia dormire la notte. Ho visto uomini, donne, bambini, anziani cercare brandelli di cibo per potersi sfamare. Ho abitato in tende. Ho visitato gli ospedali dove ho toccato con queste mani i bambini con le *malattie vere*. Bambine con le pance gonfie: i medici dicevano che erano affette dal *kwashiorkor*, una malattia molto diffusa nei Paesi in via di sviluppo e in Africa soprattutto. È un tipo di malnutrizione che si ritiene comunemente causata dall'insufficiente apporto di proteine. Ho vissuto, seppur brevemente, nei campi profughi. Uno di questi sembrava una metropoli: aveva più di 5mila tende. Ho visto persone con le piaghe ai piedi che grondavano sangue, sfiancate dai lunghi spostamenti nel deserto, senza scarpe e senza protezione alcuna. Ho visto labbra gonfie e secche di gente che non poteva bere perché non c'era acqua, e quella che si trovava era infetta. Sì, ho visto cose impressionanti».

Chi parla non è un migrante fuggito dalla propria terra in cerca di una vita migliore; non è un medico, non è un operatore di una ONG, non è un volontario, né un missionario: è Renzo Arbore, artista e intellettuale italiano tra i più apprezzati e famosi nel mondo, che ha reinventato il modo e il linguaggio di fare prima radio, poi televisione e poi musica. Per questo impegno artistico e culturale nel 2021 il presidente della Repubblica italiana Sergio Mattarella lo ha insignito dell'onorificenza di Cavaliere di Gran Croce, il più alto riconoscimento concesso a un cittadino. Di lui Sergio Zavoli – una delle più alte espressioni del giornalismo e della politica italiana – ha detto: «Nel novero degli italiani che hanno reso un buon servigio non solo al nostro Paese, c'è Renzo Arbore. Egli ci ha detto in modo sorprendentemente raro e irripetibile che fare l'artista è molto più che comunicare: è compromettersi in qualcosa che prima non c'era».

La sua amica, l'attrice Marisa Laurito, lo definisce un *uomo a colori*: «Renzo è un signore serio, elegante, ma allo stesso tempo ha voglia di giocare. E questa allegria, questa vivacità, questa serenità gli permettono di rimanere sempre giovane nella testa e lo spingono ad andare sempre alla ricerca di novità, di nuove sperimentazioni, di nuove amicizie. Insomma una persona raffinata nei modi e nei gusti, molto attenta nel selezionare gli amici e nell'evitare di legarsi a individui poco limpidi. Ecco, lui non ha mai accettato di lavorare con persone che non fossero in sintonia con le sue regole di vita e con il rispetto delle sue idee. Non accetta compromessi, e questa è una merce rarissima».

«È un uomo molto *generoso di sé*», ha detto l'attrice Mariangela Melato, sua compagna di una vita. «Ha una grande curiosità degli altri. Una grande voglia di conoscerli, di scoprire cosa c'è dietro di loro. Ha un rapporto straordinario con i suoi amici. Vive circondato da loro e dà agli amici la sua parte migliore. Questo modo di essere, lo trasferisce anche alle persone sconosciute, a quelle che incontra nella sua vita professionale e umana, ai colleghi che incrocia quando svolge il suo lavoro».

Ecco il segreto di questo incrollabile intellettuale, godibilissimo affabulatore di parole e di suoni, con il pensiero veloce degli illusionisti di rango, votato all'invenzione, con l'istinto di chi tiene insieme le contaminazioni più ardite e i più teneri abbandoni, con la maestria di un regista surreale e grottesco, invogliante e pungente.

Io mi ritengo tra i fortunati ai quali Arbore ha voluto regalare l'amicizia. Uso questa chiave per tentare di aprire il suo cuore su uno dei temi a lui più cari, ma proprio perché così intimi e preziosi, li tiene sempre custoditi in un angolo della sua sana umanità. Una *humanitas* che si rifà a Cicerone, a Terenzio, e che è rivolta a quanti soffrono in un mondo svuotato dei valori; a chi è capace di cogliere le grandi trasformazioni storico-culturali e le relative ricadute pedagogiche. Viene alla luce l'uomo che sa – come dice Eduardo De Filippo – che l'umorismo è il risvolto amaro della risata, il risvolto amaro della vita, determinato dalla delusione dell'uomo che per natura è ottimista. Le tragedie si consumano nell'esistenza degli uomini normali, provocate da incomprensioni, dalle frustrazioni, dalle guerre, dalla fame, dalla povertà. Ma Arbore non ha mai rinunciato al sorriso, inteso però in senso liberatorio, quello che riesce a ottenere una partecipazione critica dello spettatore. Dunque diventa il mezzo per attraversare il cervello del pubblico instaurando una conversazione di vita. Forse è anche per questo che, nel 1986, Renzo Arbore ha voluto fare un viaggio in Africa. Ma non un viaggio di piacere, affetto anche lui dal così detto *mal d'Africa*, quello che nel linguaggio comune si riferisce alla sensazione di nostalgia di chi ha visitato l'Africa e desidera tornarci: no, lui ha voluto conoscere un'Africa *senza rete* e *senza protezioni*.

«Per conoscere il motivo che mi ha spinto ad accettare il viaggio in questa Africa per me sconosciuta», mi racconta, «occorre partire un po' da lontano. Dobbiamo fare un passo molto indietro, al periodo della guerra, al mio paese, alla mia terra. È lì che ho conosciuto la povertà. Una povertà non mia, sarei ingrato a dirlo: appartenevo a una famiglia che definirei non-povera più che benestante. Perché anche se mio padre Giulio faceva il dentista e mia mamma Giuseppina suonava il pianoforte, in guerra nessuna famiglia poteva definirsi benestante. Il cibo era scarso per tutti. E Foggia, la mia città, anche se il comune voleva farne una città moderna con la realizzazione di grandi opere in una prospettiva metropolitana, rimaneva in realtà un borgo profondamente rurale. Dovevamo confrontarci quotidianamente con la guerra, con la mancanza di cibo, con le privazioni. Di quell'epoca che ha contrassegnato tutta una generazione – la mia generazione – ricordo una frase di quattro parole: *ho fame, ho fame*. E la ripetevo spesso ai miei genitori. Era la guerra: non si trovava niente. Si mangiava un po' di pane, quel pane sul quale si versava appena l'olio e, chi era più fortunato, anche un po' di zucchero, quando c'era. La povertà dunque non era solo quella che mi faceva dire *ho fame, ho fame*, ma quella che vedevo negli occhi dei miei amici, degli abitanti della mia Foggia, una città del profondo Sud continuamente bombardata dai tedeschi. Quelle case distrutte, quelle strade dissestate rendevano la città poverissima. Ricordo i miei vicini. Ci si aiutava l'un l'altro. Ricordo che bussavano spesso alla nostra porta per avere un po' di sale, un po' di zucchero, o la pasta e il pane. Mia mamma glieli dava sempre, dividevamo il cibo. E di tanto in tanto era lei a bussare alla loro porta per chiedere a sua volta qualcosa. Io le dicevo: "Ma perché chiedi il sale se a casa già lo abbiamo?". Lei mi rispondeva che se anche noi non avessimo chiesto a loro qualcosa da mangiare, per loro sarebbe stata un'ulteriore umiliazione: dovevamo invece farli sentire pari a noi, cioè bisognosi come loro anche nella quotidianità della vita. Era lo scambio che andava realizzato per farci sentire tutti uguali, tutti sulla stessa barca. Però la povertà vera, quella che ancora oggi mi sveglia la notte l'ho vista e l'ho toccata con mano nel viaggio in Africa».

Siamo vicini al natale 1985. Renzo Arbore è già un uomo di grande popolarità. Ha alle spalle la sua rivoluzione e i suoi programmi radiofonici di successo e ha appena cambiato la televisione con *L'Altra domenica* nel 1976 e con *Quelli della notte* nel 1985.

«Tutto nacque dall'incontro con la principessa Claudia Ruspoli, una delle più antiche e blasonate casate italiane che si erano dedicate – fra le tante attività – all'avvocatura e alla beneficenza. La principessa mi propose di effettuare un viaggio in Sudan con CARE international. Si tratta di una Organizzazione umanitaria internazionale, una confederazione globale di 16 membri nazionali, con una visione e una missione comuni per sconfiggere la povertà. Ogni membro di CARE è un'organizzazione indipendente che guida programmi, raccoglie fondi, difende questioni chiave, comunica al pubblico nel proprio Paese e sostiene il lavoro della programmazione di CARE in 104 Paesi in tutto il mondo. Nel viaggio eravamo 6 persone e, per le immagini, si unì a noi la troupe cinematografica che aveva girato *Mondo cane*, il documentario che nel 1962 e poi nel '63 con *Mondo Cane-2* aveva inaugurato il genere *mondo movie*, che mostrava usi e costumi insoliti e scioccanti, provenienti da tutto il mondo. Il regista era un giornalista molto preparato, Gualtiero Jacopetti. Nel 1966 Jacopetti vinse il David di Donatello per il film *Africa addio*. Chi meglio di lui e della sua troupe avrebbe potuto interpretare questo viaggio umanitario?

«Il nostro compito era quello di raccontare con le immagini l'itinerario che facevano i cibi che dall'Occidente (Stati Uniti ed Europa) arrivavano a Port-Sudan e venivano poi distribuiti nelle varie città e nei villaggi sudanesi. In questo *itinerare* ho conosciuto la vera povertà. Durante questo viaggio nato per documentare il percorso degli aiuti inviati dai vari Stati che aderivano all'iniziativa umanitaria, distribuivamo cibo che a mala pena riusciva a sfamare la fiumana di persone che incontravamo sul nostro cammino».

La Repubblica del Sudan – situata nella parte nord-orientale dell'Africa – è attraversata longitudinalmente dal Nilo. Avvolto dai suoi confinanti Egitto, Etiopia, Eritrea, Sudan del Sud, Repubblica Centroafricana, Ciad e Libia, e con uno sbocco sul Mar Rosso che lo separa dall'Arabia Saudita, il Sudan ha una superficie di 1 milione e 886 mila chilometri quadrati, sei volte più grande dell'Italia, con una popolazione di 42 milioni di abitanti. Secondo il rapporto dell'Agenzia italiana per la cooperazione e lo sviluppo, il Sudan è uno dei 24 Paesi prioritari nella programmazione degli interventi della Cooperazione Italiana e, dal 2000 a oggi, ha beneficiato di numerosi finanziamenti a dono. Nel 2011 il Paese ha vissuto un momento di profondo cambiamento dovuto alla secessione del Sud Sudan e alla conseguente perdita di oltre il 75% degli introiti petroliferi. La stabilizzazione dei rapporti tra i due Paesi è stata un elemento centrale della politica interna ed estera del Paese, che ha visto l'avvio di una profonda crisi economica. A queste problematiche si affiancano le tensioni interne e i conflitti in Darfur, tuttora colpito da una grave emergenza umanitaria. E le tensioni al confine con l'Etiopia, dove soffiano venti di guerra per una piana fertile contesa da decenni. Il Sudan si trova ai livelli inferiori dell'Indice di sviluppo umano, 171° su 187 Paesi, con gravi squilibri tra centro e periferia, oltre alla carenza e al degrado dei servizi pubblici essenziali come l'acqua, la sanità, l'educazione e le infrastrutture.

In questo contesto si svolge il viaggio umanitario di Renzo Arbore. Un viaggio lunghissimo, di oltre quindici giorni, che da Port-Sudan, sul Mar Rosso, lo ha portato sino alla capitale Khartoum al centro del Paese, spingendosi prima verso la zona meridionale per arrivare alla città di Kassala. È lungo questo percorso che Arbore e la sua troupe vedono le cose più impressionanti. Kassala, capoluogo dell'omonima regione, ai confini con l'Eritrea, è attraversata dal fiume Atbara, un importante affluente del Nilo, che scorre verso nord-ovest e provoca inondazioni stagionali durante le piogge estive torrenziali. I deserti rocciosi dominano il centro della regione, mentre a nord si trova la Pianura di Butana, con suoli sabbiosi argillosi. Le precipitazioni diminuiscono costantemente da sud a nord, soprattutto nei due insediamenti principali della regione: Kassala e Gedaref.

«Qui ho visto la vera povertà. Qui ho dormito nelle tende. Ho patito la fame. Ho visitato gli ospedali dove ho visto cos'è veramente la fame, ho capito cosa sono le malattie dei bambini. Quando ho visto queste povere creature con le pance grosse, con gli occhi umidi, tristi, persi nel vuoto, vestiti con gli indumenti che a mala pena riuscivano a coprirli, ho cominciato a capire cos'è la *povertà vera.* Kassala, la ricordo ancora. Qui c'era l'accampamento più grande del Sudan: 5mila tende, non so quanti abitanti. Moltissimi fuggivano dall'Etiopia dove divampava la guerra. Vedere questi profughi sfiancati che arrivavano a piedi, quei piedi gonfi, martoriati dal terreno di pietre e sabbia... I volontari di CARE Sudan li prelevavano a 20 chilometri dall'accampamento: erano sfiniti dopo aver percorso oltre 100 chilometri a piedi. Sul loro volto leggevi terrore e pietà: reduci dalla guerra, dalle bombe, dai maltrattamenti, dalle violenze; stanchi, senza cibo né acqua.

«L'acqua! Una volta, dopo essere stati per giorni senza acqua, ho vissuto un'esperienza impressionante. Avevamo avvistato una pozza di acqua putrida. Gli indigeni quasi impazzivano. Ma si ingegnarono. La raccolsero e la misero in otri realizzati con le pelli degli animali. Un'acqua spaventosa, terribilmente infetta. Ma loro la presero comunque e la fecero decantare per almeno due giorni: dicevano che così i batteri si sarebbero annullati fra loro, uccisi fra loro, e l'acqua sarebbe diventata pura. Non mi fidai. Ma questo era niente se penso alla distribuzione del cibo, di quel poco cibo che rimaneva ogni volta che lasciavamo un accampamento per recarci a quello successivo. La carne, quel poco che c'era, veniva distribuita a brandelli. Il cibo era scarso per tutti. Anche noi della troupe avevamo difficoltà a procurarlo per il nostro fabbisogno. Per dieci giorni, cioè quasi l'intero viaggio, io ho mangiato solo uova sode: era il cibo più sano che si potesse avere. Conservavamo infatti agli indigeni gli approvvigionamenti inviati dall'Organizzazione umanitaria. Ma malgrado l'efficienza dell'Organizzazione, malgrado la preziosità della poca acqua che ancora avevamo in bottiglie sigillate, la miseria era inimmaginabile.

«E poi la vita dei villaggi, dei campi profughi. Ricordo i bambini che giocavano con poche cose, con pochi stracci. Ma non dimenticherò mai i ritmi della vita quotidiana. Naturalmente non c'era luce elettrica. Appena calava il sole, gli ultimi bambini correvano e poi si addormentavano con i cammelli. La notte faceva freddo e in mezzo al calore di quegli animali potevano trovare il sonno. Dunque il campo viveva quando spuntava il sole e si spegneva alle 5 del pomeriggio, quando il sole tramontava, per tutti. Rimanevano solo alcune fiammelle accese: erano di qualcuno più fortunato che era riuscito a trovare un fornello a gas o una lampada a petrolio. È in uno di questi villaggi che anche la mia forte fibra, messa a dura prova dal viaggio non facile, ha scricchiolato. Ho avuto un malore e sono stato soccorso e trasportato in un ospedale da campo americano. Senza mangiare, bevendo quel poco che potevo, col caldo africano, ho avuto uno choc. Quando mi sono ripreso e sono tornato all'attività, sono rimasto sorpreso nel vedere come in quel villaggio senza luce, senza asfalto, dove si camminava nel fango e nella polvere, gli indigeni si erano ingegnati per rimediare qualcosa da mangiare o per vestirsi. C'erano delle bancarelle sulle quali potevi trovare quelle piccole cose che una volta i turisti e poi qualche soldato o qualche volontario avevano dimenticato o perso: lamette da barba, accendini, e tutte quelle chincaglierie di cui noi occidentali, spesso dopo averle usate, non ci curiamo perché le riteniamo ormai superflue.

«Ma i ricordi non sono solo quelli legati alle privazioni. La cosa più emozionante dell'intero viaggio è stato l'incontro con un diplomatico, Staffan de Mistura, laureato alla Sapienza di Roma, nato a Stoccolma ma di padre esule dalmata. De Mistura è un alto ufficiale delle Nazioni Unite, italiano e svedese. È stato rappresentante speciale delle Nazioni Unite per l'Iraq, rappresentante speciale per l'Afghanistan e inviato speciale per la Siria. Un uomo di grande esperienza diplomatica ma soprattutto umana. Nel 1985 era diplomatico in Sudan. Ricordo che alloggiavamo in un albergo di Khartoum perché il nostro viaggio umanitario stava per terminare e il nostro rientro in Italia era imminente. La notte di Natale – non so come fece – de Mistura riuscì a interrompere la guerra per una notte! Così tutti riuscirono a festeggiare: non solo noi in albergo, ma anche tutti gli indigeni che abitavano i villaggi e i campi profughi del Sudan.

«Ora, quando ci ripenso, mi rimangono le cose che mi hanno commosso di più, quelle che mi hanno fatto aprire gli occhi sulle tragedie di questa società: la fame, la povertà, le disuguaglianze, i troppo-ricchi e i troppo-poveri. Ma un'immagine non mi lascia mai: è quella dei tanti missionari, dei numerosi volontari, dei giovani americani, tedeschi, italiani, francesi, inglesi, che si preoccupavano degli ultimi. Che vivevano e condividevano le povertà del prossimo. Lì ho capito cos'era la carità. Vedere ragazzi sinceramente borghesi, che avrebbero potuto vivere la loro vita agiata, e invece si dedicavano ad aiutare chi stava peggio di loro. E soffrivano la fame e la sete e le privazioni come le soffrivano le persone in difficoltà, in povertà estrema. Andavano incontro al disagio totale, per scelta.

«Guardando gli occhi umidi di quei bambini, le loro pance *gonfie di fame e di malnutrizione*, pensavo alle ingiustizie della vita, alla sfortuna di nascere nella parte sbagliata del mondo; pensavo che comunque il sorriso fosse l'arma migliore per conquistare chi sta peggio di te. Sono lezioni che ti rimangono per tutta la vita, la tua vita. Quando vedi la vera povertà, quando vedi il tuo prossimo soffrire, ti senti quasi in colpa per essere nato fortunato, per vivere in un paese fortunato e vivere in momenti fortunati della storia. Ecco, se devo proprio scegliere il sentimento più forte che ho provato direi l'altruismo, l'aver scoperto l'altruismo, non soltanto delle comunità cattoliche ma anche dei civili che, arrivando da Paesi ricchi, trovavano lo scopo della loro vita nell'aiutare il prossimo. Vedere ragazze e ragazzi belli, giovani, forti, fortunati, il cui scopo era quello di aiutare i bambini e i poveri africani.

«Certo, mi mancava la musica, quella che facevo io. Ma ero affascinato dalla loro musica, dalla musica africana. Mi affascinava il *muezzin* al mattino. Svegliarmi con il canto di questa persona addetta alla moschea, che dall'alto del minareto modula con voce alta e possente, rivolgendosi ai quattro punti cardinali, la formula convenuta per richiamare i fedeli alle cinque preghiere stabilite dal Corano in cinque ore diverse del giorno: era una cosa che mi piaceva. I canti incrociati del *muezzin* mi facevano un'impressione positiva».

Ultimato il viaggio, Arbore torna in Italia e trascorre quindici giorni in stato di choc. Il ricordo della povertà e della fame vissuta in Africa lo riportava al ricordo delle privazioni vissute in guerra. Ma anche a una maggiore consapevolezza che nessuno si salva da solo. È così che si avvicina ai temi della solidarietà. È così che si unisce ai bambini della *Lega del filo d'oro*, i bambini sordo-ciechi dei quali diventa il testimonial più efficace e più fedele.

Ma, come spesso succede nella vita, ai momenti difficili si alternano quelli felici.

«Infatti superato lo choc, un giorno incontro Claudio Mattone col quale avevo già scritto diverse canzoni di successo, e dalle nostre serate insieme nasce *Il clarinetto*, il brano con il quale ho ottenuto il secondo posto alla XXXVI edizione del Festival di Sanremo».

Purtroppo di quel viaggio in Africa non esiste nessuna immagine, nessun reperto cinematografico: il responsabile della troupe morì improvvisamente e quelle riprese non sono state mai state trovate.

RINGRAZIAMENTI

Grazie di cuore a papa Francesco, che ancora una volta ha avuto la pazienza e la sensibilità di incontrarmi per proseguire il disegno di un mondo più umano attraverso i due fondamentali progetti del suo pontificato: combattere la fame e stare accanto ai poveri, ai più umili, agli ultimi – "gli scarti" – del pianeta.

Grazie a monsignor Leonardo Sapienza e a monsignor Luis María Rodrigo Ewart: il loro sorriso, la loro disponibilità, sono molto più di un lasciapassare.

Grazie ai miei costanti suggeritori monsignor Sebastiano Sanguinetti, monsignor Corrado Melis e padre Luigi Tiana, abate del monastero benedettino di San Pietro di Sorres, opificio di scienza e di sapienza, dove il silenzio e la pace permettono l'approfondimento dei temi più sensibili dell'umanità. E grazie per l'amicizia al mio vescovo monsignor Gian Franco Saba.

Tra i miei *fiancheggiatori* speciali, grazie a Pino Nano, sul cui aiuto posso contare sempre, soprattutto fra i Palazzi romani. E grazie – sempre – a Nicoletta Pisano, perché anche questo è un progetto che parte da lontano.

A Gianni Usai devo un riconoscenza speciale: le sue invenzioni, le sue evoluzioni tecniche e digitali, la sua intelligenza e il suo estro, conferiscono al lavoro un *passo in più*.

Ringrazio singolarmente tutti i testimoni che mi hanno aiutato a comporre un quadro quanto più completo possibile sul tema della povertà. In particolare Marco Impagliazzo che mi ha ospitato e invitato a scoprire la grande *macchina* della Comunità di Sant'Egidio, basata sull'amore, sulla preghiera e sulla solidarietà. Monsignor Francesco Soddu, che si è reso disponibile soprattutto nel momento per lui più difficile: nel passaggio dalla direzione della Caritas Italiana a vescovo di Terni. Non ha mancato mai un appuntamento, non si è mai negato neanche quando il mio compito era quello di stringere i tempi. E Renzo Arbore che, ancora una volta se ce ne fosse bisogno, ha dimostrato tutta la sensibilità, l'umanità, la cultura di cui è capace soprattutto quando si tratta dei temi sociali e della solidarietà. Oltre l'amicizia e l'affetto che mi regala.

Ma gli incontri con i protagonisti sono stati possibili grazie all'operosità, alla disponibilità e all'amicizia di persone davvero speciali: Emanuela Cutelli, *anima* del WFP di David Beasley, Nobel per la Pace 2020; la signora Sonia Sachs, puntuale nell'inviare i resoconti e i discorsi del marito Jeffrey; Carlo Cafiero, Senior Project Manager della FAO, amico riservato e persona speciale che con il suo spirito critico da fine intellettuale riesce sempre a farmi riflettere e indirizzarmi verso percorsi di alta qualità: devo a lui l'intelligente approccio alle interpretazioni dell'economista Jeffrey Sachs; la scrittrice Vichi De Marchi per i suoi consigli, e Mariangela Nicoli, *ponte* per Save the Children; Silvia Tolve, direttrice esecutiva di Mary's Meals Italia, per il dialogo con Magnus MacFarlane-Barrow; il professor Guido Melis e la professoressa Maria Grazia Sanna, medico e dirigente dell'UNICEF; Orazio Ragusa, sensibile *energia* di Azione contro la Fame; don Gianni Sini, ispiratore dei racconti delle tante missionarie e missionari incontrati; il missionario Gianfranco Zintu; e Gianfranco Addis, instancabile operatore della Caritas Sardegna; Paolo Milia, psichiatra attento all'evoluzione dei problemi sociali e non solo in campo medico e scientifico.

Infine un grazie grande e sincero a don Simone Bruno e a Natale Benazzi, direttore editoriale e editor, che ancora una volta hanno voluto accogliermi nella grande Famiglia delle Edizioni San Paolo.

Lei non lo sa, ma devo un grazie grande così a mia nipotina Amelia di appena tre anni: il suo sguardo intenso, il suo sorriso disarmante, le sue urla e le sue risa hanno spesso fatto da sfondo all'elaborazione del testo, e mi hanno fatto capire quanto grande sia l'amore e la cura che l'umanità deve all'infanzia.

BIBLIOGRAFIA

Acemoglu Daron, Robinson James A., *Perché le nazioni falliscono. Alle origini di potenza, prosperità, e povertà*, Il Saggiatore, Milano 2013.

Barone Francesco, *Le povertà tra colonialismo e globalizzazione. Il valore educativo della solidarietà*, Anicia, Roma 2020.

Bauman Zygmunt, *Le nuove povertà*, Castelvecchi, Roma 2018.

Bauman Zygmunt, *Consumo, dunque sono*, Laterza, Bari 2020.

Bauman Zygmunt, *La società dell'incertezza*, Il Mulino, Bologna 2014.

Benazzi Natale, *Il governo di sé. Come allenarsi per le prove di ogni giorno*, San Paolo, Cinisello Balsamo, 2019.

Benazzi Natale, *Dar da mangiare agli affamati. Dar da bere agli assetati*, San Paolo, Cinisello Balsamo 2016.

Bruno Simone, *Affiancare le famiglie fragili. Verso nuove forme di affido*, San Paolo, Cinisello Balsamo 2015.

Carpiniello Bernardo, Massimo Biondi, Giovanni Muscettola, *Manuale di psichiatria*, Elsevier, Milano 2009.

Carpiniello Bernardo, *La depressione*, Fioriti, Roma 2014.

Duflo Esther, *Lottare contro la povertà*, Laterza, Bari 2021.

Duflo Esther, *I numeri per agire. Una nuova strategia per sconfiggere la povertà*, Feltrinelli, Milano 2011.

Duflo Esther, Banerjee Abhijit Vinayak, *L'economia dei poveri. Capire la vera natura della povertà per combatterla*, Feltrinelli, Milano 2020.

Duflo Esther, Banerjee Abhijit Vinayak, *Una buona economia per tempi difficili*, Laterza, Bari 2020.

Ferragina Emanuele, Arrigoni Alessandro, *La maggioranza invisibile. Chi sono gli italiani per i quali la politica non fa nulla, e come potrebbero cambiare davvero l'Italia*, Rizzoli-BUR, Milano 2014.

Ferrera Maurizio, *Le politiche sociali*, Il Mulino, Bologna 2019.

Ferrera Maurizio, *Il fattore D. Perché il lavoro delle donne farà crescere l'Italia*, Mondadori, Milano 2008.

Fogel Robert W., *Fuga dalla fame. Europa, America, Terzo Mondo (1700-2100)*, Vita e Pensiero, Milano 2006.

Fondazione Emanuela Zancan Onlus (ed.), *La lotta alla povertà è innovazione sociale. La lotta alla povertà. Rapporto 2020*, Il Mulino, Bologna 2020.

Garrucciu Gianni, *Fame. Una conversazione con papa Francesco*, San Paolo, Cinisello Balsamo, 2020.

Garrucciu Gianni, *Renzo Arbore, Vita, opere e (soprattutto) miracoli*, Rai-Eri, Roma 2013.

Gori Cristiano, *Combattere la povertà. L'Italia dalla Social card al Covid-19*, Laterza, Bari 2020.

Hickel Jason, *The Divide, Guida per risolvere la disuguaglianza globale*, Il Saggiatore, Milano 2020.

Landes David S., *La ricchezza e la povertà delle nazioni*, Garzanti, Milano 2000.

MacFarlane-Barrow Magnus, *La straordinaria storia di Mary's Meals*, Giunti, Milano 2015.

MacFarlane-Barrow Magnus, *Give. L'arte di vivere con generosità*, San Paolo, Cinisello Balsamo 2021.

Mazzolari Primo, *La parola ai poveri*, Sapienza L. (ed.), EDB, Bologna 2017.

Milanović Branko, *Ingiustizia globale. Migrazioni, disuguaglianze e il futuro della classe media*, Luiss University Press, Roma 2017.

Moyo Dambisa, *La carità che uccide*, Rizzoli-BUR, Milano 2011.

Morlicchio Enrica, *Sociologi della povertà*, Il Mulino, Bologna 2020.

Papa Francesco, *I poveri, la nostra carne*, San Paolo, Cinisello Balsamo 2018.

Papa Francesco, *Terra, casa, lavoro. Discorsi ai movimenti popolari*, Ponte alle Grazie, Milano 2017.

Papa Francesco, *Evangelii gaudium.* Esortazione Apostolica, San Paolo, Cinisello Balsamo 2013.

Rovati Giancarlo, Pesenti Luca (edd.), *Food Poverty, Food Bank. Aiuti alimentari e inclusione sociale*, Vita e Pensiero, Milano 2015.

Sachs Jeffrey, *La fine della povertà*, Mondadori, Milano 2005.

Sachs Jeffrey, *L'era dello sviluppo sostenibile*, Università Bocconi Editore, Milano 2015.

Sachs Jeffrey, *Il bene comune: economia per un pianeta affollato*, Mondadori, Milano 2010.

Sachs Jeffrey, *Il prezzo della civiltà. La crisi del capitalismo e la nuova strada verso la prosperità*, Codice, Torino 2012.

Schettino Francesco, *Crisi, disuguaglianze e povertà. Le iniquità del capitalismo, da Lehman Brothers alla Covid-19*, La Città del Sole, Reggio Calabria 2020.

Smarsh Sarah, *Heartland. Al cuore della povertà nel paese più ricco del mondo*, Edizioni Black Coffee, Firenze 2021.

Stockholm International Peace Resarch Institute (ed.), *SIPRI Yearbook 2017-2021: Armaments, Disarmament and International Security*, Oxford University Press, Oxford 2017-2021.

Tornielli Andrea, Galeazzi Giacomo, *Papa Francesco. Questa economia uccide*, Piemme, Milano 2015.

Winn Marie, *Bambini senza infanzia. Crescere troppo in fretta in un mondo di nuovi media, sesso, droga e violenza*, n.e., Armando, Milano 2022.

Yunus Muhammad, *Un mondo senza povertà*, Feltrinelli, Milano 2009.

Ziegler Jean, *La fame nel mondo spiegata a mio figlio*, Net, Milano 2002.

Zuccolini Roberto, *La Parola e i poveri*, San Paolo, Cinisello Balsamo 2022.

SITOGRAFIA, GIORNALI, TV

www.actionaid.it
www.actioncontrelafaim.org
www.agensir.it
www.ansa.it
www.azionecontrolafame.it
www.care-international.org
www.careevaluations.org/countries/sudan
www.caritas.it
www.caritas.org
www.emergency.it
www.jeffsachs.org
www.humanium.org
www.goafrique.it
www.ispionline.it (Istituto per gli Studi di Politica Internazionale)
www.mammaafricaonlus.org
www.medicisenzafrontiere.it
khartoum.aics.gov.it/home-ita/Paesi/iniziative/sudan (Agenzia Italiana per la Cooperazione allo Sviluppo Khartoum)
www.redattoresociale.it
www.safeheartonlus.org

www.onuitalia.com
www.unric.org
www.un.org
www.earthday.org
www.unicef.it
www.unicef.org
www.eurispes.eu
www.focus.it
www.fao.org
www.wfp.org
www.ilo.org
it.wfp.org/fame-zero
www.santegidio.org
www.salute.gov.it
www.savethechildren.it
www.streetchildren.org
www.obiettivo2030.it
www.maurizioferrera.wordpress.com
www.vatican.va
www.vaticanstate.va
www.vaticanlibrary.va
www.vaticannews.va
www.acistampa.com
www.americalatina.va
www.ctv.va
www.ulsa.va
www.huffingtonpost.it
www.cnn.com
www.aecd.org
www.eurofound.europea.eu
www.unscn.org
www.lastampa.it/vatican-insider

Corriere della Sera, Repubblica, La Stampa, Il Sole 24ore, Avvenire, L'Osservatore Romano, Il Fatto Quotidiano, Il Manifesto, Il Giorno, Il Giornale, Panorama, L'Espresso, Famiglia Cristiana, Oggi, Limes, Focus, MicroMega, National Geographic, New York Post, The New York Times International Edition, The Wall Street Journal, The Washington Post, America Oggi, Buenos Aires Herald, El Cronista, La Nation, La Razón, El País, El Mundo, La Vanguardia, The Guardian, The Times, Le Monde, Le Figaro, La Croix, African Business, L'Autre Afrique, L'Hebdomadaire du Burkina, Le Soft International (Congo), Addis Tribune (Etiopia), The Nation (Malawi), Rwanda Liberation, Noticias Moçambicanas, Sierra Leone News, Home News (Sudan), The Zimbabwe Independent.

INDICE

Stampa: Rotolito SpA - Seggiano di Pioltello (MI)